「理想の自分」を決めて、やるだけ

ワークライフスタイリスト®
福﨑綾香

今すぐここで、
好きを仕事に、楽しく稼ぐ!

実業之日本社

はじめに

はじめまして、ワークライフスタイリスト®の福﨑綾香です。

現在40歳。

広島、アメリカ、沖縄、兵庫、東京、と転々と移り住み、8年前に生まれ育った広島に帰り定住しています。そんな私の主な仕事はふたつあります。

ひとつは、「野球専門スポーツバーBBB」の経営です。ありがたいことに、「広島で野球ファンが集まる場所といえばBBB」という認識が広島だけでなく、県外の野球ファンの間でも広がっています。

もうひとつは、地方に住みながらでも理想の働き方・ライフスタイルを叶える方法をお伝えする講師をしています。ときには、世界大会まで行われるビューティーコンテストの出場者に対して、マインドセットを担当したりも。

このように仕事をしていると、常に忙しく働いていて、時間に追われているイメージがあるかもしれませんが、「好きなことを好きなときに好きな場所で好きなだけ」という働き方をしています。

今のワークライフスタイルを確立させてから、1ヶ月仕事を休んで海外旅行に行ったり、県内外問わず大好きな野球を見に行ったり、のんびりするだけのために1泊20万円の高級旅館に京都まで行ったり……。時間とお金に余裕があるからこそ可能なことができています。日常でも、気になるアニメやドラマを一気見したり、友人とカフェに行ったり、時間に縛られる生活をしていません。

今でこそ、このように仕事もプライベートも豊かで楽しい日々を送れていますが、20代後半は時間に縛られたアルバイト生活を東京で過ごし、32歳までは広島でほぼ休みなしの月収11万円の夜間勤務の会社員でした。

東京でのハンバーガーショップとつけ麺屋のアルバイトをかけもちしていた生活では、朝9時に出勤し、帰宅は深夜0時半。どれだけ働いていてもお金が貯まらず、時間もありませんでした。自分自身をケアするお金も時間もないので、美容に十分な気すら回らずボロボロな状態だったのです。

「このまま同じような生活が30代もずっと続いていくんだろうか……」

「東京に住んだら、キラキラできる生活を送れると思ったのに……」

SNSを開くと、高級ブランドを身につけ優雅に海外旅行に行き、なおかつ美しい女性起業家がたくさん目に入ってきました。しかも、仕事が大変そうではなく、楽しそうなのです！「彼女たちと私は何が違うのか、私はどこから間違えたのだろう……」1Kのアパートで夜な夜な1人で泣いている時期もありました。


広島に戻ってから31歳で初めての就職は、店長という役職にもかかわらず手取り月給は11万円で、クレジットカードの引き落としができない月もありました。会社員1年目で買った服は、防寒インナーのみ。ストレスで体調を崩すことは普通のことになっていました。そんなときも、SNSを開けば、人生で好きなこととして楽しんでいる女性がたくさんいます。


「私だって本当は、好きなことを仕事にして自由に働きたい……」

「私だって本当は、質のいいオシャレな服がたくさん欲しい……」

そんな私が憧れていたワークライフスタイルは、ここ広島で、理想の働き方であった「好きなことで起業する」という形で叶えられることができました。

私は現在の働き方・ライフスタイルを叶えるまでに、勘違いしていたことが大きく3つありました。

働き方については、大都市に行けば成功しやすい、大都市の方が稼げるという勘違い。

ライフスタイルについては、地方では、物理的にも心理的にも満たされる生活がしにくいという勘違い。

美については、生まれつき決まっているものだったり、お金があれば綺麗になれるという勘違い。

地方在住でも、理想の働き方は実現できますし、物も心も豊かなライフスタイルが可能ですし、大都市のように一流の美容サロンがなくても美しくなれます。むしろ地方在住の方が、ビジネスではひとり勝ちしやすいですし、その人らしさを発揮でき、より輝くことができるのです！

実際に私自身も、広島で野球専門スポーツバーという分野でひとり勝ちしていますし、東京時代に憧れていたライフスタイルを広島で叶えることができています。そして、ミセス広島グランプリという美の称号も得ることができました。

私は30歳までつけ麺屋で、麺のお湯切りをしていたんです。32歳まで上司の顔色を窺《うかが》い続ける月収11万円の会社員だったんです。そんな私でも、ここまで人生を変えることができました。この話をすると「そんなことができるのは、ごく一部の人でしょ？」と思われがちですが、ここで断言します。

あなたもできます！

この本では、私がこのステージまで辿り着くためにやってきたことを惜しみなく書いていますが、その内容は誰にでも応用できる原理原則的なことばかりです。地球の引力が私だけに適応して、あなたに適応しない、なんてことはないように、この本の内容は私にも応用できるし、あなたにも応用できます。

考え方、行動、テクニック、それらを実例とともに5つの章にわけ、地方ならではのメリットもふまえて紹介していきます。

今、あなたが住んでいるその街で、理想の働き方、理想のライフスタイル、理想の美しさを手に入れるには、

・叶えたい未来を決める（できそうかできそうにないか、ではなく、やりたいかやりたくないか！）
・あなたの街の特徴を知る
・とりあえず行動する
・仕事やお金の思い込みを書き換える
・あなたの感情を1番大切にする
・自分の可能性を信じる

ということがポイントです。

「どうせ田舎だから無理だよね」「大阪や東京に行かないと成功できないよね」と、地方に住んでいることを理由に人生を諦めないでください。

住んでいるところに関係なく、結局はあなたの行動があなたの人生を決めるのです。

あなたの街があなたを輝かせてくれるのではなく、あなたがあなた自身を輝かせ、そしてあなたがあなたの街を輝かせる光になるのです。

さあ、今ここ（この場所・この瞬間）から、理想の働き方、理想のライフスタイル、理想の美しさを、全て手に入れる準備はできましたか？

「どこに住んでいようが、どんな現状だろうが、なりたい自分になれる」

この本を通して、あなたが理想の未来を叶えるキッカケを得ていただくことができたら嬉しいです。

第1章

地方に住んでいても、誰でも、どんな未来でも手に入る！

第2章

なりたい自分、そのための理想の未来を決める

第3章 あなたにとっての「仕事」とは

第4章

成功している「美人」の環境とは

第5章

いつもの日常も自分次第でスペシャルな日に

第1章

地方に住んでいても、誰でも、どんな未来でも手に入る！

脱・地方コンプレックス

現在私が住んでいるのは、3年連続で転出超過ワースト1位の広島県。住所を県内に移してきた人数より、他の都道府県に移っていった人数が唯一1万人を越える、〝出ていきたい都道府県ランキング〟全国トップの地域です。

広島県民はもともと、「広島は田舎」「広島は何をやっても中途半端」と、自分の住んでいる地域のことを都会と比べて卑下する傾向があります。あなたも都会と今住んでいる街を比べて、嘆いたことはありませんか？

私たちは一般的に「都会が上・地方が下」、そんなイメージを持っているのではないかと思います。なぜなら、都会はファッション、グルメ、美容、あらゆる最先端のものが揃っているからです。都会にあって地方にない商業施設はたくさんあっても、地方にあって都会にないものはなかなかありません。

そして、アミューズメントパークやイベントなどのエンターテインメントにしても、都会には選択肢がたくさんあるので、地方在住の人たちは羨ましく思う人が多いのです。大物アーティストのドームツアーも、大阪の次は、広島を飛び越えて福岡なので、こういうところでも広島の地元民は「やっぱり広島は田舎だ」とため息をついてしまっています。

都会は人口が多い分、仕事の機会も多く、チャンスを掴みやすい、やりたいことが叶いやすい環境に思えます。なので私も「大阪や東京みたいな大都市に住まなければ、楽しくて充実した人生は送れない」と、10代から都会に憧れをずっと抱いていました。

しかし、そもそも本当に「都会は上・地方は下」なのでしょうか？

ひとつの事実に対して、捉え方は無限です。例えば、とあるアメリカ発のドーナツチェーンの店舗が大都市にはありますが、広島にはありません。このひとつの事実に対して、「食べたいのに、やっぱりこういうのは都会だけか……」と残念がる人もいれば、「広島でしか食べられない美味しいスイーツもたくさんあるから広島人はラッキー」「旅行ついでに、その店舗に行くことが楽しみ！」と、地元の良さを再発見したり、旅行の楽しみのひとつにする人もいます。

仕事の面でも、有能な人が地方を離れて都会に行く傾向に対して、「地方に残っている私は、都会に行った人に負けている」と地元にい続ける自分は劣っていると考える人もいれば、「都会に行って埋もれてしまうよりも、地方で力を発揮して一番を取る」と、地方に残る方がチャンスと捉える人もいるわけです。

このように「都会が上・地方が下」というフィルターで物事を見ていると、「都会に住んでいる人はラッキー、地方に住んでいる人は残念」「都会の人は優っている、地方の人は劣っている」という、その通りの現実が生み出されてしまいます。**一方、「地方ならではのよさがある」というフィルターで同じ物事を見ると、今まで見えてこなかった地方のよさもどんどん発見できるのです。**

初めに言っておきますが、私は都会を否定しているわけではありません。ただあなたの住んでいる地方にも、魅力がたくさんあることに気付いて、それを活かして理想の働き方・ライフスタイルを叶えてほしいと思っているだけなのです。

私も都会だからできること、都会にしかないものに憧れて、広島から東京に引っ越して、ずっと住んでみたかった東京で2年間暮らしました。ただ当時、私は「地方でできなくて、都会でできること」ばかりに注目していたので、地方ならではの魅力に全く気が付くことができなかったのです。

もしかしたらあなたも、あなたが住んでいる場所と都会を比べて、今の場所でできないこと、ないものばかりにフォーカスして、
「地方に住んでいる限りは、楽しくて充実した人生は送れない」
「都会に行かないと、理想の働き方やライフスタイルは叶わない」
と勘違いをしているのではないでしょうか？

今一度、あなたが住んでいる街だからこそできること、そして、ないものではなく、あるものにフォーカスをして、見つめ直してみてください。もしくは、あなたの街でできないことだと思っても、実は工夫すればできたり、理想に近いことができるかもしれません。

実際に私だけでなく、私の周りで地方で成功している人は、「地方だからできること」を活かして理想の働き方・ライフスタイルを叶えています。地方コンプレックスなど全く感じていません。

同じ場所に住んでいても、見えている景色は全員違うのです。このように、地方コ

ンプレックスというのは、実はあなた自身の中で勝手に作り出されて、勝手に地方は不利という現実を生んでいるのです。**地方に住んでいるからこそできる有利なことも、優位に立っていることも、視点を変えればたくさんあります。**もちろん、反対に都会に住んでいる方が有利なこともありますが、「都会が上・地方が下」なんて事実はどこにもありません。

そんな幻の地方コンプレックスにとらわれて、「私は地方に住んでいるから…」と、本当に叶えたい未来へ向かう車輪にブレーキをかけるのは、もうやめましょう！

都会に住んでいても結局は自分次第

地方コンプレックスから脱却しましょう！　と提案している私も、実は過去には地方コンプレックスを抱えていましたし、正直に申しますと、地方を思いっきり見下していました。

私はアメリカの大学在学中に米海兵隊員と結婚し、卒業後の24歳のときに夫が偶然にも沖縄の米軍基地へ異動となったのです。青い海に囲まれたリゾート地として有名な県での新生活! 当初はウキウキ気分でしたが、その気分も2週間で終わりました。「綺麗な海以外、何もない。遊びに行くところがない……」そう感じるようになったのです(※これはあくまで当時の感想で、今はそんなことは全く思っていません!)。

「こんなところにいても、つまらない人生が続くだけ」と思い、都会に出ていくことだけを考えていました。私は兵庫県で仕事を見つけ、夫をひとり沖縄に残して、大阪の梅田まで電車で10分の場所に引っ越しました。別居状態が続き、そのまま離婚。兵庫県で見つけた仕事は上手く行かず、結局地元広島に帰ることになりました。


広島に帰ってきても、何もかもがパッとしない日々が続きました。仕事にやりがいを感じない、人間関係の範囲も狭い、休日も遊びにいくところが限られていて、全く楽しくありませんでした。

「このまま1年後も同じ働き方とライフスタイルが続くのは嫌だ」

「やっぱりいい仕事は都会にあるし、人間関係も都会なら広がるし、遊びにいける場所も都会ならキリなくある!」

と、29歳で東京に引っ越したのです。当時彼氏がいなかった私は、「私にふさわしい男性は、こんな田舎の広島なんかにいない。きっと東京にいるのよ！」と、今思うと随分寝ぼけたことも言っていました(笑)。

憧れの東京生活では、常に地方生活と比べて優越感を抱いていました。地方では食べられない海外発のパンケーキを食べてSNSに投稿する、朝のテレビで紹介された場所に当日行ってみる、東京ディズニーランドに日帰りで行くなど、地方ではできないことを存分に味わっていました。東京に住んでいるだけで、「人生勝ち組」だと思っていたのです。

ところが、次第に働き詰めの毎日となり、時間にも余裕がなくなり、口座内のお金もお給料日前になると4桁になる……。東京に住み始めて2年が経つ頃には、広島にいたときと同じことを思うようになったのです。

「このまま1年後も同じ働き方とライフスタイルが続くのは嫌だ！」

つまり私は地方に住んでいようが、都会に住んでいようが、どこに住んでいようが、根本のところで「自分の人生が上手くいっていない」と思っていたのです。人生が上手くいかない一番の原因は、場所ではなく、自分自身だったのです。でも当時の私はそこに気が付いていませんでした。

今、あなたの目の前にある結果は、あなたのこれまでの行動によるものです。その行動はどうやって生まれてくるのかというと、あなたの思考からです。あなたの思考パターンが、繰り返し同じような行動を導くため、同じような結果が生まれてしまうのです。結果を変えるためには、まず思考パターンを変えなければいけないのに、私は住む街だけを変えるという行動を続けていました。

昔と今の私の思考パターンの違いを一部例として紹介しますね。

◇昔の私の思考▼行動

・失敗は恥ずかしい▼失敗したくないので、今の自分ができる範囲のことしかしない
・矢印を外側に向ける▼上手くいかないのは環境や周りの人が原因であると見なし、自分の改善はしない
・仕事はストレスがたまって当たり前▼やりたくない仕事内容でも我慢しながらこな

し、理不尽な上司がいる職場で毎日イライラしながらも働く

この昔の思考▼行動の結果として、住む場所を変えようが、働き方・ライフスタイルが同じレベルでずっと維持されていたのです。

◇**今の私の思考▼行動**

・失敗の経験をたくさん集めないと成功できない▼たくさん失敗しても大丈夫だから、やりたいことにどんどん挑戦する。「自分には難しいかも」と思う範囲のことにも手を出す

・矢印を内側に向ける▼上手くいかない原因は自分にあることに気付き、次はもっと上手くいくように対策を取る

・好きなことを仕事にできる▼仕事で我慢するという選択をせず、好きなこと、楽しいことだけをするようになる。やりたくない仕事は手放す

この「今の私の思考▼行動」の結果、私自身に何が起こったかというと、今まで自分が経験してきた行動範囲を飛び越え、過去に自分が選択しなかった「好きなことで

起業」が叶い、起業後たった2ヶ月で月商100万円を超え、自由に使える時間もお金も爆上がりしていきました。「今の私の思考▼行動」をベースにしている今の自分なら、沖縄でも、兵庫でも、東京でも、毎日楽しく充実したワークライフスタイルを送れる自信があります。

行動を変えれば、結果が変わるとはよく言われることですが、行動の根本は思考です。仕事、人間関係、美容、恋愛、お金も、全てあなたの思考が元になっているので、「住む場所を変える」という行動を取っても、結果は似たようなものになり、人生は変わりません。**結局は、どこに住んでいても、人生が好転するかどうかは自分次第なのです。**

「もの」も「情報」も今やリアルタイムで手に入る

私は昨年からマーケティングスクールに1年以上継続して通い続けています。月に

1度、セミナーが開かれるのですが、場所は主に東京会場と大阪会場です。こう聞くと「やっぱり都会の人が行きやすい場所で開催されていて、地方在住は不利」と思うかもしれません。

私は新幹線に乗って直接会場に足を運ぶこともありますが、ここ広島からセミナーを受講することが最近は増えています。Zoomを使っての受講です。一昔前なら、直接会場に行かなければ受講できなかった講座も、今ならお家にいながら会場と同じ内容がリアルタイムで受講できる時代なのです。

Zoomは今でこそ一般的に使われていますが、たった5年前の2019年は使い方を知らない人がほとんどでした。Zoomは不要不急の外出が禁止された2020年のコロナ禍で一気に広がり、セミナー受講だけでなく、会議、飲み会と、学びでも仕事でも娯楽でも、世界中どこにいようと、ネット環境があれば誰とでも繋がれ、その人たちとの距離が関係なくなったのです。

コロナ禍が終わっても、ZoomなどのWeb会議サービスは私たちの生活に馴染んでいます。科学技術の発展の恩恵により生活において便利になったものがわざわざ不便なものに戻ることは滅多にないので、Web会議サービスも、より進化することはあっても、廃れることはありません。**コロナ禍での Web 会議サービスの普及は、都会と地方で差が出ない、地方在住の私たちの大きな味方になりました。**

私自身が行っている理想の働き方・ライフスタイルを叶えるための継続講座も、コロナ禍前は対面の講座しか開催していませんでしたが、コロナ禍に入って Zoom での講座を開催するようになりました。コロナ禍前までは受講生が広島県内の生徒様だけでしたが、オンライン開催ということで、おかげさまで全国各地から講座のお申し込みが増えました。

「いいセミナーは都会でしか開催されないから、やっぱり都会の人が成功しやすいよね」

「地方に住んでいる私はやっぱり都会の人と比べて後《おく》れを取るから、すぐ上手くいかないのは仕方ないよね」

と思う必要はもうありません。むしろ、**声を大にして言いたいのは、「地方在住だから」を結果が出ない、上手くいかないことの言い訳にはできない、ということです。**

今や知りたい情報は、インターネットで検索すれば都会と地方で時差なく出てきますし、自分から検索しなくても気になる人や会社のメルマガや公式ＬＩＮＥを登録しておくと、向こうから勝手に情報がやってきます。

そして、外出自粛や感染リスクを回避するため、コロナ禍でオンラインショッピングも急速に普及しました。手に入る「もの」も、今や都会と地方では差がありません。

私自身、大好きな読売ジャイアンツのグッズを手に入れるために、学生の頃は東京ドームまで行かなければ買えなかったので、東京ドームでまとめ買いをしていました。それが今は、オンラインで好きなときに好きなだけゆっくり時間をかけて買えるので、東京ドームで買うことが逆になくなりました。

地方に住んでいても、このように「もの」も「情報」も今やリアルタイムで手に入るようになりました。

とは言っても、「もの」の場合は、実際に手に取ってみたいものもあります。特に高いお買い物は失敗したくないもの。

私も以前、広島では取り扱いしていなかった高級ブランドの約10万円のレインブーツをオンラインで購入して失敗した経験があります。届くまでずっとワクワクして待っていたのですが、履いてみるとサイズは合っていても足の形が合っておらず、とっても痛くて……（涙）。かと言って、返品するのも面倒ですし、履いているうちに足の形に馴染むと信じてそのまま使うことに。直接試着していたら買わなかった一品でしたので、「広島で取り扱っていれば……!!」とその時は悔しい思いをしました。

デパコスの化粧品ブランドもそうですよね！ 失敗したくないからこそ、実際にまず使ってみたい。そして、オンラインショッピングでは体験できないのが接客です。デパコスの美容部員さんや高級ブランドの店員さんに、自分のことを覚えていてもらい丁寧な接客をしてもらうと特別な気分になります。実際に、とある高級ブランドのアンケートで、店舗に行く理由の選択肢に「スタッフに覚えてもらいたい」という項目がありました。それほど、「覚えてもらって特別感を味わいたい」と思うのは、普通なことなのです。

このように、その場でリアルに行われている「経験」を手に入れたい場合、今は交通費と時間をかけて「実際に行く」という選択もできますし、「行かずにオンラインで」という選択もできるのです。**実はこれも地方に住んでいるから「できない」ではなく、私たちは「実際に行くことができる」けれど「行く」「行かない」という選択をしているのです。**

この点において、「実際に行く」を選択すると、都会への交通費と時間がかかるので、地方在住者のデメリットに見えますが、そこもメリットに変換可能です。この辺は、後ほど出てくる「都会への交通費は投資だと思おう」の項目でお話ししたいと思います。

地方のメリット、都会のデメリットがある

「都会は上・地方は下」という幻に付随して、「都会はメリットが多くて、地方はデメリットが多い」という思い込みがある人も多いのではないでしょうか。事実はひとつでも、捉え方は無限にあることをお伝えしたように、地方のデメリットは見方を変えればメリットにもなりますし、都会のメリットはデメリットにもなります。今回は、仕事、ライフスタイル、人間関係について、地方のデメリットに見えるひとつの事実を、見方を変えてメリットに変換していきたいと思います。

◇働き方に関して▼都会の方が仕事の選択肢の数が多い

都会では仕事の選択肢の数が多い分、よりたくさんの未来への可能性があります。しかし、選択肢が多いと、決断に時間やストレスがかかったり、それぞれの選択肢の利点と欠点の比較が複雑になるなどのデメリットもあります。そして、ひとつ選んだとしても、それが自分にとってのベストな選択だったのか疑問を持ち続け、他に選択肢が多かった分、不満や後悔を感じる可能性が高いのです。**選択肢が多すぎると幸福度が下がってしまうという「選択のパラドックス」と呼ばれる現象があるほど、実は選択肢が多いことは一概にメリットとは言えません。**

私は広島で仕事を探していた際、野球関係の仕事をしようと思ったときも、所属したいモデル事務所を探していたときも「(いい意味で) 広島だとここしかない！」と、前向きに自分の意思でワクワクしながら即決しました。

逆に東京では選択肢が多すぎて、自分で決めることができませんでした。結局、声をかけられた居酒屋で仕事をし、スカウトされた事務所に所属をしました。お声がけもご縁ではありますが、自分で決める人生ではなく、周りに流される人生を送っていました。

お勤めという働き方でなく、起業という働き方も地方ではライバルが少ないというメリットがあります。むしろ私の仕事に関しては、ライバルが広島にいません！

◇ライフスタイルに関して▼都会の方が栄えているエリアの範囲が広く、交通手段が充実している

地方から初めて都会に行ったときに、驚いたのは交通手段の多さ。私が東京に行ったときに感じたことが、「どこの駅で降りても、広島市の中心部！　もしくはそれ以上！」でした。もちろん、全ての駅が実際そうではありませんが、そのように感じるほど、広い範囲で栄えていることに驚愕しました。

そしてその分、仕事もプライベートも、移動距離と移動時間が長いことにもびっくり！　**地方の場合は、栄えている部分がギュッとコンパクトにまとまっているので、そこだけで全てが完結するので楽です。**もちろん、そこ以外の場所で働いたり、遊ぶ人もいますが、移動距離と移動時間は都会と比べて短いのがメリットです。

そして、なんと言っても都会で慣れることができなかったのが、満員電車。地方ではピーク時も都会ほどの人混みではないので、毎朝不快な思いをせず通勤できるのがメリット！　都会に比べて駐車場代も安いので、車通勤をする人も多いです。車通勤のメリットは、目的地まで自分だけの空間で、好きな音楽を聞いたり、好きな飲み物を飲んだり、好きなときに出発できることです。

◇人間関係に関して▼都会の方が人口が多い

人口が多ければ、人脈も広がるように思えます。人脈が広がれば、新しい価値観に触れることもでき、やりたいことが叶うチャンスも巡ってくるかもしれません。しかし、人脈を広げることも、実は都会だろうが地方だろうが、結局は自分次第なのです。都会に住んでいても、自らを閉ざしていたら友達はできませんし、地方に住んでいても、自らコミュニティに足を運んだりすると人脈は広がります。

地方は人口が少ない分、共通の知人がいることが多く、初対面でもいきなり親近感を覚え、それが距離を近づける大きな要因になります。例えば、私のバーがあるビルに入ってきた新店舗の店主さんとは、共通の友人が複数いたので、すぐに仲良くなりました。お客様にお互いのお店を紹介しあったり、ＳＮＳでシェアしあったり、双方のビジネスにメリットがあります。飲食店だけでなく、地方の起業家たちの数は限られているので、すぐ横の繋がりができ、情報交換できるのもメリットです。同じ業界で会いたい人は、だいたい間に一、二人挟めば繋がります。その地域の同じタイプの人たちとトントン拍子に横の繋がりが広がりやすいのは、人口の少ない地方ならではです。

今回は地方寄りのメリットを例に挙げましたが、都会にもメリットはたくさんあります。**私が伝えたいのは、どこに住んでいようとあなた次第でやりたいことは工夫すればできるということです。**むしろ、「都会暮らしが私は好き！」という方は、どんどん都会のメリットを並べて「都会だからこそできる」と、やりたいことに向かってエンジンをかけてください！　都会でも地方でも、あなたが好きな場所を、あなたにとってのベストな居住地に変化させてほしいと願っています。

同じ収入額でも地方は価値が2倍！

都会と地方では、同じ金額を払っても、地方の方が受け取る価値が実に2倍も大きいのです。実際に「2倍」というぴったりな数値ではありませんが、分かりやすく

「2倍」と表現させていただいています。本当に2倍と感じるほど、住宅費のリーズナブルさ、サービスの利便性、場所の心地よさを、地方では手に入れることができるのです。

地方暮らしのメリットのひとつは、やはり家賃や駐車場の安さ！　同じ間取り、同じ築年数、その他の条件が同じでも、地方の方が2倍以上安い物件はゴロゴロあります。東京に住んでいた頃は、14・5平方メートルのワンルームのアパートに7万6千円を月々払っていました。

広島市内で同じ金額を払えば、まさに2倍の30平方メートルの新築マンションにも住めます。実際に現在私は、仕事の作業をするためのオフィスとして、広島市の中心部にある築2年のタワーマンションの20階の部屋を借りているのですが、23平方メートルで家賃は5万2000円です！　これが都会だと事故物件だと思われちゃうぐらい安いですよね(笑)？

同じ金額を払っても、受け取るものが違うのは、目に見えるものだけでなく目に見えない利便性や快適さも同じです。以前、広島で全国チェーンの美容サロンに継続コースで通い始めたのですが、途中で東京に引っ越したため、東京の店舗に通うことになりました。同じ会社のチェーンなので、全く同じサービスだと思っていたのですが、ひとつ違うところがありました……。それは、予約の取りにくさ！　広島の店舗は、私が希望した日時に毎回何の問題もなく予約を取れていたのですが、東京の店舗では、私が希望する日時を３つ以上あげても、別の人の予約が埋まっていて、全く予約が取れず。この店舗だけでなく、他の美容サロンについても、**地方では比較的自分の都合に合わせて予約が取りやすいのですが、都会では店舗の都合に合わせて自分の予定を左右されていました。**

もちろん、都会は美容サロンも多いので、フェイシャルエステやヘアサロンも、自分の都合に合わせて空いている店舗を見つければいいだけの話かもしれません。しかし、あなたに合った最適なサービスを提供できるのは、長期であなたの肌の変化を見てきているエステティシャンや、あなたにしっくりくる髪型などを知っている美容師なのです。美容サロンの選択も地方は少ないかもしれませんが、先ほど選択肢が少なければ自分にとってベストなものを決めやすいというお話をしたように、地方では自分にとってのお気に入りの美容サロンを見つけやすいのです。私も、ヘア、ネイル、エステ、マツエクなど、それぞれお気に入りの美容サロンに長年通い続けており、毎回自分に合ったサービスを受け、自分の都合に合わせて予約も取れています。

飲食店に関しては、都会は行列ができるほど混雑していますが、**私にとって一番の地方の飲食店のメリットは、カフェが混雑していないこと。**私は個人的に、カフェはコーヒーを飲む場所でなく、友人とゆっくりおしゃべりをしたり、ショッピングの合間に一息ついたり、読書をしたり、パソコンで仕事をするなど、時間をのんびり快適に過ごしたり、いつもと違う空間で気分転換をしながら作業をする場所なのです。おそらく、多くのみなさんもそのような用途でカフェを利用しているのではないでしょうか？

なのに、都会のカフェに入ると人の出入りが激しくがやがやしていて、地方に比べると落ち着きがありません。そして、入店すると、獲物を探しているような目で空席を探し、誰かが席を立つと、サッと荷物を置きに行く、席の確保争奪戦をよく目にします。心の落ち着く場所を求めてカフェに行っているのに、入店時からストレスのかかる心情になってしまっています。

私も東京に住んでいるときは、徒歩圏内にスターバックスがあることに大興奮し、「家から歩いてスタバに行ける私オシャレ！」と思って(笑)、何度か行きましたが、今思えば空席を探すところから始まり、着席しても「人が多くてガヤガヤしている……。みんな早く帰らないかなぁ」と、考えながら読書していて、全くオシャレではありませんでした。

現在は地方で、1杯のコーヒーとともにゆったりとカフェで送る時間を楽しんでいます。実際に、今この文章を書いているのも広島市内のカフェですが、のんびりとソファ席で心穏やかな気分で過ごしているところです。同じコーヒー1杯のお値段で受け取ることのできる心の余裕と、時間の流れの心地よさ、作業の生産性などの価値は、都会と地方では180度変わってきます。

このように、同じ額をお支払いしても、受け取る価値は都会と地方で違うのです。むしろ、地方の自然の恵みに触れて、心身をリフレッシュするのは無料です！　同じ収入額なのであれば、地方の方が住居もサービスも心も豊かなライフスタイルが送れると私は思っています。

同じ地方出身者同士で強い絆が生まれる

ここでは地方在住だけではなく、地方出身者としてのメリットについてもお話ししたいと思います。

私は沖縄県に住んでいた頃、沖縄広島県人会に入会していました。地元以外に住んだことがある方なら感じたことがある感覚だと思いますが、他の都道府県で同じ地方出身者と会うと、あっという間に打ち解け合うことができます。

同郷というだけなのに、安心感と親近感が芽生えて、初対面でも仲良くなりやすいのです。知らない土地でもそこから一気に人脈が広がり、新しい土地でも理想の働き方・ライフスタイルが叶う情報やチャンスもやってきやすくなります。

私が東京に住んでいるときも、正式な県人会ではありませんでしたが、広島県出身の在京者たちが「東京広島会」というコミュニティを作っており、その中に入らせていただきました。

キッカケは、当時私が働いていた広島グルメを出す居酒屋で、東京広島会の飲み会が開催されたことです。東京広島会のメンバーは、もちろん私のことを店員としか見ておらず、注文を取る会話のみでしたが、私が広島出身だということを知ったとたん、いきなり私に話しかける量が増え、「一緒に座って飲もうよ！」と誘われるほど。その日に東京広島会のグループＬＩＮＥに参加させていただき、一瞬で仲良くなりました。

ちなみに私は、普段は初対面の人から誘われたコミュニティには入りません。「同じ地方出身者」という事実は、その場ですぐに信頼関係が生まれる不思議な絆です。

私たちが孤独を感じるときは、周りに人がいない自分一人だけの空間にいるときではなく、心が通じ合う人がいない環境にいるときです。あなたが人口が多い街に住んでいようと、少ない街に住んでいようと、自分を理解しようとしてくれている人がいるかどうかで、メンタルが変わってきます。孤独感を抱えているときは、不安や焦りなどネガティブな感情になりやすいですよね。そんなとき、年齢や仕事が違っても、同じ地方出身者同士との繋がりは心強いものです。

その東京広島会には、サラリーマン、主婦、飲食店経営者、マジシャン、ヨガインストラクターなど、いろんな職種のメンバーが揃っていました。そのメンバーの誰かが、自身のイベントをグループＬＩＮＥで告知すると、自然と応援の輪が広がっていきます。実際にそのイベントに足を運んだり、都合が合わない場合はＳＮＳで「友達がこんなイベントするのでぜひ！」と告知のお手伝いをしたり。ここでの繋がりのおかげで、私が広島に戻ってきた後も、東京広島会のメンバーが帰省のときに私のバーに遊びにきてくれますし、地元の友達に宣伝もしてくれています。同じ地方出身者同士で、お互いの頑張っていることを応援し合うので、仕事上での力にもなります。

同郷の絆は、県外に住んでいなくても、県外に行ったときにも生まれます。大阪で開催されたマーケティング講座の後の懇親会に１００名以上が参加していたのですが、そこでも不思議と意気投合するのは同じ広島から来ていた参加者。これは私だけでなく、他の同じ都道府県同士の参加者たちも「私も今日〇〇から来ました！」と地元トークを皮切りに盛り上がっていました。そこから、ビジネス活動をしている地元の横の繋がりが作れて、活動地での情報交換ができ、お互いの発展にも結びつくのです。

そのマーケティング講座には、認定講師が10人ほどいて、どの講師が担当になるかは自動で振り分けられるのですが、生徒からも希望が出せます。そこでも、私はやはり同じ広島の講師の希望を出しました。同じ広島という環境を理解してくれる安心感だけでなく、広島でもちゃんと結果が出せるという姿が目標にもなるからです。

逆も同じです。

私が講師としての仕事で、受講のお申し込みがあったとき、新規の生徒様からよく言われるのが、

『同じ広島にも憧れの働き方をしている人がいるなんて！』と思って講座に申し込みました」

「マインド講座を受けたかったんですけど、広島で講座されている人を検索したら綾香さんが出てきました」

と、受講理由には「広島」というキーワードが入っているのです。

インスタグラムも、フォローしてくださる方の出身地や居住地が同じだと、「私も同じ広島です！」という一言を添えたDMが届きます。わざわざその一言を言うほど、

同じ地方出身者同士は親近感を覚えるのです。私自身が広島なので、この本では「広島」というワードを多く実例に出していますが、あなたの地域名を当てはめて「私も同じ○○に住んでます!」と、慣れていない県外の地で会う初対面の人に言われたら、親しみがわきますよね!

同じ地方出身者同士での強い絆は、地方出身者ならではのメリット! その絆は、あなたが住んでいる地域での仕事の発展に繋がったり、地元以外でのライフスタイルに楽しさをプラスしたり、あなたの世界観をより広げて深めてくれます。

都会への交通費は投資だと思おう

講座や会議、イベントなど、オンラインで参加できる時代だとは言っても、やはり対面での参加ではないと得られないものもたくさんあります。オンラインでの講座や会議では、開始時間になったらオンライン上のルームに入室、休憩時間には画面オフとミュート、終了したら退室するという、講座中や会議中以外では、全く別の参加者との会話がありません。

しかし、対面だと開始時間より早めに会場に到着するので、それまでに参加者同士の交流ができます。休憩時間も、終了後も同じ。むしろ、終了後はお互いの予定が空いていれば、一緒にご飯を食べに行ったり、親睦を深めることもできます。こういったことが、オンラインではできません。

そして、**講師の雰囲気やエネルギーを直接感じ取ることができるのも、対面ならではのメリット**。会議も、対面の方が意思疎通がスムーズに行われやすく、相手の熱意もリアルに伝わってきます。

その対面のメリットが欲しくて、私は日帰りで大阪、福岡、名古屋で開催されるセミナーを受講したり、先日は東京まで日帰りで打ち合わせに参加してきました。こう聞くと、「移動距離が長い分、交通費も時間もたくさんかかって、やっぱり地方在住は不利じゃん！」と思うかもしれません。しかし、その交通費や移動距離は、実はあなたの人生を豊かにしてくれる要素のひとつでもあるのです。

突然ですが、食べ放題のお店に行ったとき、お腹いっぱいだとしても「もとは取りたい！」と思って、ついつい食べすぎた経験はありませんか？　これは、ケチなどではなく、通常の心理的バイアスで、「サンクコスト効果」と呼ばれるものです。お金だけでなく、既に失って戻せない時間や労力に対して、現在や未来の行動が影響されるというもの。サンクコスト効果は一般的に、これまでのコストを無駄にしたくないと思うあまり、非合理的な選択をしてしまうという、よくない意味で使われます。しかし、この効果を上手く活用できるのが、まさに長距離移動！

私も何度も体感していますが、**地元の徒歩圏内で行ける講座と比べて、都会まで新幹線を使って行く講座は、意識していなくても意気込みが自然と違います！** もちろん初めの頃は、「せっかく高い交通費と長い移動時間と労力をかけて来ているんだから、誰よりも吸収して帰ってやるぞ!!」と、意識して気合いが入っていました。それにも慣れてきたら、やる気が落ちてくるのではと思ったことがありましたが、やはり遠方に行くと、結局普段と違う空気感、緊張感が漂っているので、学びの意欲は減ることはありません。

家から徒歩10分で行けるセミナーと、家から片道合計5時間かけて行くセミナーは、前者の方がコスト（時間・お金・労力）を使わなくてもいいですが、後者は意識しなくてもサンクコスト効果があなたの味方をしてくれて、学びの吸収力が自然とアップしているのです！　私もこの心理効果に上手く支配されて、「せっかくコストをかけて学びに行っているんだから、結果を出さなきゃもったいない！」と、望む結果が出るまで行動をし続けるわけです。つまり、都会への交通費は、将来何倍にもなって返ってくる投資になるというわけです。

とは言っても、旅行や娯楽以外での遠距離の交通費を払うのは、初めは腰が重いかもしれません。でも、ぜひ1度だけでもいいのでやってみてください！　1回目を経験すると、2回目はより軽く、3回目はさらにより軽く、そして4回目以降はもう自分の中でそれが当たり前の基準になります。講座もイベントもですが、現地に行ってみると意外と遠方からの人たちが多いのです。そこで、自分だけが長距離移動をしているのではないことを認識できるので、このことが次回の行動への気持ちの軽さにも繋がります。「情報量は移動距離の2倍に比例する」という言葉もありますが、まさに仕事でもプライベートでも関係なく、移動すればするほど新しい経験ができるので、人生が豊かになります！

私も月収11万円時代の頃から、実は県外へセミナーを受講しに行っていました。それはもちろん、この交通費は投資になると当時から分かっていたからです。初めは「セミナーだけのために交通費2万円はもったいない」と思って、観光の予定、他の楽しみを入れていました。もちろん、それも1度の交通費でたくさん楽しめる行動で効率的です。しかしそこから、「セミナーだけのため」の長距離移動を経験することによって、日常生活の短距離のフットワークもグンっと軽くなることを実感しました。

普段からフットワークが軽いと、人との出会いも増え、理想を叶えるチャンスや情報も手に入れやすくなります。そして、「あの人はフットワークが軽い」と周りから認識されることによって、お誘いも増えたり、新しい世界への視野も広がり、ライフスタイルがどんどん充実していきます。つまり都会への交通費は、地方在住だからこそできる特別な投資なのです。

都会出身の人ほど「地方」のよさに気が付いている

海外の人が、日本では子どもだけで登校しているところを見て、その治安の良さに驚いたり、電車が時間ぴったりにくる正確さに感動するなど、私たち日本人にとっては「当たり前」のことが評価されています。同じように都会出身の人ほど、地方在住の人にとっては「当たり前」の地方のよさに気が付いているのです。

実際に、都会出身の友人に「地方」のよさを聞いたところ、街中で悪臭がしない、街中でも空が広くて開放感がある(高い建物が少ない)、街にゴミが稀にしか落ちていない、星が見える、騒音が少ない、など地方在住の私にとっては「当たり前」だと思うことを言われました。

その他にも、都会は利用者の多い駅で人の流れに入ったら方向転換がしにくい、ヒートアイランド現象で夏が暑い、冬に雪が降ったら街の混乱が大きいなど、都会出身の人の視点ならではの意見を聞くことができました。

人は環境に馴染んでいくものなので、東京時代の私は、地方のプラス面に気付いてもいなければ、恐ろしいことに都会のマイナス面にも慣れてしまっていました。

東京に引っ越した当初、朝の通勤時にエスカレーターの右側をダッシュでのぼる人たちの存在が信じられませんでした。大人しく安全に立っているのと、危ないのにダッシュしてエスカレーターをのぼるこの時間の差は、30秒もありません。「30秒早く起きて行動すればいい話なのに、東京の人たちはここまで時間と心に余裕がないなんて……」と冷めた目で毎朝そのような人たちを見ていました。

そんな私も、1年後気付けばエスカレーターダッシュの常連になっていました。「ちょっとの時間でも節約できているのが効率的」という感覚に陥って、数十秒の時間をも気にしてしまう、ストレスフルな生活リズムに無意識になっていたのです。知らず知らずのうちに、自分が不快に思っていた環境に慣れ、それがどんどん「普通」になって感覚が麻痺していました。

まさに、東京都内にしか住んだことのない知人が言っていたのが、「**都会の人は利便性の感覚が麻痺している**」ということ。彼女は、地方に住んだことはありませんが、月に何度も東京から地方へ出向く機会があります。東京都内の暮らしに慣れているので、徒歩1分以内にコンビニがない暮らしが想像できないほど。地方在住の私だと、「そんな生活超便利！」と羨ましいと感じますが、彼女が言った言葉は、「徒歩1分以内にコンビニがあったら確かに便利だけど、そこまでコンビニって必要？」ということ。実際に昔は今ほどコンビニがなくても不便なく生活できていたわけです。コンビニが近くにあればもちろん便利ですが、徒歩1分以内にコンビニがなくても、生活の一大事にはなりません。

そして、私は都心部では電車が2、3分間隔で来ることにも同じように感動しました。「乗り遅れても、20分も待たなくていいなんて！」と。しかし、都会女子の彼女は「でも実際、電車が2、3分間隔で来ないと苦痛だなんてことはないと思う。単に都心部は『利便性』が飽和状態で、その環境下にいるから、その便利さが『普通』になってしまっただけ」と言います。**都会のように便利さに頼っているライフスタイルではなく、自分自身で考えて計画的に行動し、本当に必要なものごとが見えてくる「地方」のよさを彼女は教えてくれました。**

実際に「地方」のよさに気付き、東京から広島に引っ越してきた友人もいます。彼女にとっては、都会よりも地方の方が便利だそうです。都会は便利さが過剰にあるだけで、地方が不便というわけではない。むしろ、「アーシングがしたいな」「綺麗な川を見て心を癒されたいな」と思ったら、ちょっと街を離れるだけで、静かな自然の多い田舎町に行けることが便利だと言います。

東京の中心部で飲食店を経営していた知人も「地方」に魅了され、広島県の尾道という市にお店を移転させました。40代で新天地で理想の働き方・ライフスタイルを実現させたのです。

彼女にとっての地方の魅力のひとつは食材。瀬戸内海の美味しい魚や野菜を使って、お料理を提供したいという想いが移転の決め手になりました。確かに「東京産」「大阪産」という自然の素材は、聞きませんよね。そして、人との繋がりが都会よりも深いのが地方の魅力のひとつ。挨拶だけの関係でなく、コミュニケーションも取ることから、彼女のお店は尾道でまたたく間に噂が広がり、オープンからずっと温かい人たちで溢れています。

私自身も、都会と比べて地方は「不便」と思っていましたが、**実は「地方暮らしは、**

十分便利」「都会暮らしは、より便利」なだけなのです。地方は十分便利な上に、都会にはない魅力もいっぱいあります。あなたの理想のライフスタイルは、都会より不便だからという理由で叶わないなんてことはありません。地方でも十分に便利なライフスタイルを送れるのですから！

「自分らしく生きる」そのためには「地方」がベスト

私にとっての「自分らしく生きる」とは、自分の素直な心の声を聞いてあげて、それをそのまま行動という形にしてあげることです。聞くだけでなく、ちゃんと行動に移すこと。

そして、「自分らしく生きる」ということは、与えられた道を自由に進むということではなく、道自体も自分自身で切り拓いて進んでいくということです。ですが、都会には地方よりたくさんの選択肢が自分の生活に入ってくるので、目の前に与えられた道を進んでしまいがちです。「この道がいい」というよりも「この道でいいや」という感覚で進んでいる人が多いような気がします。

実際に、私も東京に住んでいるときに合計6つの仕事を経験しましたが、全て自分で探して決めたのではなく、声をかけられたり、「知り合いの経営者がスタッフを募集している」と耳に入るなどのキッカケがあったから、そこで働くことに決めていました。最終的には自分で決めているので、自分が進む道を切り拓いているかのように錯覚してしまいます。しかし、結局受け身で選択肢を与えられた状態で、自主的に道を開拓せず、誰かが用意した道を進む人生を選んでいるだけだったのです。

仕事もプライベートも、周りに流されて人生が成立してしまうほど、都会では数多くの機会が自分に舞い込んできます。こうやって自分の意思で作った道でなく、他人が作ってくれた道を進んでいくうちに、「本当は何がしたいのか」「本当は自分はどうなりたいのか」がどんどん分からなくなっていきます。

その点、地方は都会よりも時間と人の流れがゆっくりしていて、心にも余裕ができやすい空間が広がっています。**周りの声ではなく、自分の心の声をボリュームアップできる、自分自身に向き合いやすい環境にあります。**今の仕事、年齢、家族、お金、人間関係、全て一旦忘れた状態で、「本当は自分は何がしたいの?」「本当は自分はどうなりたいの?」と、目を閉じて、両手を胸に当てて聞いてみましょう。

また、「自分らしく生きる」ということは、他とは違う個性を出していくことにもなります。そう聞くと、人口の少ない地方では、都会よりも周りの目が気になって「自分らしく生きる」ことが難しいと思うかもしれません。

例えば、ファッションに関しては、都会にはいち早く流行に乗ったファッションをする人や、奇抜なファッションの人も多いので、そのような人を見てもさほど気になりません。ところが、地方では個性的なファッションだけでなく、目立った行動をすると、すぐに注目されて噂もブワッと広がることもあります。実はそれこそが、アイデンティティを確立しやすく「自分らしく生きる」環境に適しているのです。

アイデンティティとは、自分らしくあることだけでなく、そんな自分が周りの人からも認識されている感覚です。都会では「そんな人もいるよね〜」となることも、地方では「そんな人がいるんだ!」とあなたを認識してもらいやすく、周りからの認知が高くなるほど、さらにあなたらしいアイデンティティが固まっていくのです。

おかげさまで、私も〝福﨑綾香は広島在住巨人ファン〟というアイデンティティが地方で確立され、巨人ファンにインタビューするというローカルテレビ番組の企画で、広島の巨人ファン代表として取材の依頼を受けたこともありました。

都会では埋もれてしまうあなたらしさも、地方では輝いて見えます。暗い部屋に3つの小さい光が灯されていたら、その輝きはそれぞれはっきり見えますよね。しかし、その部屋に小さい光がびっしりと敷き詰められていたら、その3つの光を見つけることは難しいのです。

私も東京に住んでいる時代は、自分のアイデンティティを失っていました。私は自分の強みが英語を話せることだと思っていましたが、東京ではあちこちで英語が飛び交っていて、英語が話せるのが特別ではないということを思い知らされました。英語だけでなく、モデル業をしている人も広島の100倍以上はいるし、当時働いていた飲食店のアルバイトだって私以外にも代わりはいくらでもいる……、「自分がいてもいなくても、世の中は変わらない」と、虚しくなることが多かったのです。

そして、都会は競い合いが激しいので、自分らしいペースではなく、どうしても周りに合わせて無理をするペースになってしまいがちです。しかし地方では、個人個人のそれぞれの影響が発揮されやすく、比較的自分に合ったペースで楽しみながら成長していけます。

もちろん、都会にいるから自分らしく生きられないことはありませんし、地方にいるから自分らしく生きられるとは限りません。ここでは、地方の方がより自分らしく生きやすい環境だという考えをお伝えしています。あなたの心の声を素直に行動に移すかどうかは、結局あなた次第。せっかく地方に住んでいるのであれば、その環境を最大限に利用し、本当にあなたが望む自分の人生を生きていきましょう！

第2章

なりたい自分、そのための理想の未来を決める

私たちの脳は偉人と作りが同じ

「特別なものを持って生まれないと、結局平凡な人生しか送れない」

私自身、スティーブ・ジョブズ、孫正義、ウォーレン・バフェットなど、大企業の社長や世の中に大きな功績を残している人を見て、「生まれたときから脳の作りが違うんだろうな」「私も天才に生まれてくれれば、人生違ったのに」とつくづく思っていました。

そこまで個人名が世界的に有名な人でなくても、ＳＮＳ上で見かける億を稼いでいる女性やテレビで見かける経営者などを見て、「もともと持って生まれたものが違うから仕方ない」「あの人は特別だからできるんだ」なんて、あなたも少しでも思ったことはありませんか？

しかしながら、**私たちの脳と偉人の脳は、基本的な構造や機能は同じなのです。**私たちに同じ人間なのですから、生まれた時点で特別な違いはなく、大きなアドバンテージやハンデなど存在しません。

では、功績を残している人と、そうでない人、何が違うのでしょうか？

もちろん、成長する過程での家庭環境や学習環境など、いろんな要素が違いますが、私が思う一番の違いは、達成したい事柄に対して、本気で「できる」と思っているかどうか。


普通の20代会社員からベストセラー作家になった女性、キャリア変更をし、30代でメジャーリーガーなどの有名スポーツ選手を担当するメンタルトレーナーになった女性、普通の主婦から40代で起業して月商8桁を稼ぐようになった女性、ゼロスタートから結果を出してきた女性などなど、成功した女性たちをこれまでたくさん見てきました。一見「普通」なのに大きな結果を出せた彼女たちの共通点は、「できる」と本気で思っていたことです。

私自身も30歳までアルバイトを掛け持ちする普通のフリーターでした。そんな私でも、成し遂げたいことに対して「できる」と本気で思い続けた結果が、今の形になっているのです。

当時30歳の私が参加したワークライフスタイリスト®創始者・宮本佳実さんのセミナーのワークで、理想の未来を隣の参加者とシェアする機会がありました。それは、シェアされた理想の未来に対して、「できる！　できる！」とお互い言い合うというワークでもありました。

そのときの私は「フリーターなんかの私が、経営者になりたいって言うの恥ずかしいな……」という思いで、「野球専門のスポーツバーを経営したいです……」と自信なさげにシェアしました。すると、私のシェアを聞いていた隣に座っていた女性が「できる！　できる！」と笑顔で言ってくれたのです。そしてそのとき、「あ、私、できるかも!?」と感じたのです。

その宮本佳実さんから学んだことなのですが、**「『できそう』は『できる』のサイン」**なのだそうです。さらに、私たちは「できない」ことに対しては、潜在意識で「できない」と分かっているので、「できそう」とも「できるかも」とも思えないのだということも説明してくれました。それを聞いてからは「じゃあ、私、できる！」と本気で思えるようになりました。

本気で「できる」と思えるようになってから、私の行動も自然と変わっていきました。だって、できるのだから、メニュー、席数、理想のスタッフ像などを、早速ノートにまとめました。それだけでなく、「バーがオープンしたときは遊びにきてね！」と宣伝をし始めました。ただ「できる」と思えるだけで、行動が変わることを実感した出来事でした。

この行動が、後ほどの「理想を自動的にスルッと叶える方法」の原理に沿っていたので、たった7ヶ月後に、まずは雇われ店長としてですが、野球専門スポーツバーをオープンすることができたのです。

目標の大小は関係ありません。大きなことを成し遂げるために、生まれつき特別なものを持つ必要はないのです。会社員の10倍稼いでいる女性経営者も、目立った結果を出しているSNS上のあの人も、スタートを切る時期は違えど、私たちと何も大きな変わりのない「普通」からのスタートなのです。

やりたいことが達成できる人生のスタート地点は、生まれた時点ではなく、本気で「できる」と思った時点！　ぜひそう肝に銘じてください。

同じように、「地方に住んでいるからできない」と思っている限りは、やりたいことは実現できません。「地方に住んでいてもできる」と本気で思えたとき、あなたの人生が変わり始めます。必要なのは、生まれつき持つ特別なものではなく、都会に住むことでもなく、自分の可能性を信じること！

学歴、資格、キャリアは関係ない、人脈ゼロでも大丈夫

本気で「できる」と思った時点がスタート地点と言っても、学歴、資格、キャリア、人脈の差で、既に出遅れてしまっている気がする方もいらっしゃるかもしれません。しかし実際、理想を叶えるために学歴、資格、キャリアは全く関係ありません！　人脈においては、作る必要はありますが、今はゼロでも大丈夫です。

◇学歴がなくても大丈夫

Appleの創始者のスティーブ・ジョブズの最終学歴は高卒ですし、ホンダの創始者である本田宗一郎さんは小卒です。現に私の周りで上手くいっている個人起業家や会社の社長でも、有名な大学を出ている人は少ないですし、名門大学を出ていても、そ

の学歴にちなんだ働き方をしている人はほぼいません。そして、学歴が必要な仕事と、稼げる仕事はイコールでもありません。

理想を叶えるために必要な知識やスキルは、ほとんど学校で学ぶことはないのです。私の野球バーの仕事で必要な主なスキルは、野球が好きだという情熱、居酒屋程度の簡単なお酒を作れること、以上です！

セミナー講師の仕事でも、主に必要なものは「理想はどんな現状でも叶えることができる」ということを伝えたいという情熱と、それを伝えるための書く能力と話す能力。この夢を叶えるために、正直「米国ネブラスカ州立大学卒業」という学歴は不要ですよね。理想を叶えるために必要な知識とスキルは、学校以外のところで自主的に培っていくものなのです。

◇資格がなくても大丈夫

自分の知識やスキルを形で証明してくれるものが資格です。雇い主や依頼主にとって、資格は一緒に働く人を選ぶときの目安となるので、仕事を探している側の人は持っていると有利ではあります。ただ、資格はあくまで単なる目安なので、資格があるからといって必ず優先されるわけではありませんし、経営者になる面においては取得が必要な資格なんてありません。

専門的な分野で働くには、資格の所有が必要となってきますが、今持っていないからといって、嘆くことはありません。ただこれから取ればいいだけの話ですから。

私は、バーテンダー関係の資格を持っていませんが、バー経営をしていますし、スピーチ検定や日本語話し方検定を受けたことはありませんが、セミナー講師の仕事をしています。そして、実は私は吃音症という発話障害を持っています。吃音症とは、同じ音を繰り返したり、言いたい音がなかなか発せなかったり、いわゆる「どもる」話し方になってしまう障害です。それでも私は、接客業と講師業というやりたいことをやっています。

理想の働き方を叶えるために、資格も必要なければ、ハンデも関係ないのです。

◇キャリアがなくても大丈夫

「キャリアがあるから理想の働き方が叶う」のではなく、「理想の働き方にチャレンジしていくうちにキャリアができる」のです。32歳までの私は「経営」というキャリア経験はありませんでした。もし私がそこで、「経営経験がないから、夢が叶わない……」と諦めていたら、一生経営者にはなれません。自分自身がそのスタートを切ることで、キャリアが積まれていくのです。

私は居酒屋のアルバイトでお酒を作る経験はしたことがあるので、同職種のキャリアはたまたま役立ちましたが、職種も全く違ってもいいのです。

◇今は人脈がなくても大丈夫

理想を叶えるにあたって、人脈は必要不可欠になってきます。私たち一人では、大きなことは叶えられないからです。でも、安心してください。今の時点で、人脈がなくても全く問題ありません。なぜなら人脈は、学歴や資格とは違い、今日からでも増やしていけるものだからです。自分が積極的に動けば動くほど、人との出会いがあります。

成功しやすい人脈づくりの方法は、第4章の「成功している『美人』の環境とは」でたっぷりお話ししているので、そこまで楽しみに読み進めてくださいね！

学生生活で学んできたこと、得てきた資格、経験してきたキャリア、今までの人脈は、あなたの人生を豊かにする要素であるので、無駄なものではありません。その経験を未来に生かすことも可能です。しかし、それは理想の働き方・ライフスタイルを叶える必須要素ではないので、出遅れているなんて思わずに、早速軽やかな一歩を踏み出していきましょう！

科学的にも「全部思い通りになる」

本気で「できる」と思えば、行動が変わるだけでなく、入ってくる情報も変わってきます。世間で言う「引き寄せ」が多発してくるのです。やりたいことができるようになるための必要な情報が、不思議とあなたの元に舞い込んできます。

あなたもこんな経験はありませんか？　例えば、特定のブランドのカバンを買いたいと思っていると、そのブランドのカバンを持って街を歩いている人が「意外といる」と感じたり、広告でそのブランドの商品が目に入ってくるようになったり。または妊娠中に、街で他の妊婦さんを見かけることが増えたり、芸能人の妊娠・出産のニュースが普段より多く感じたり。

これには、RAS（ラス）という脳機能が働いています。RASとは、Reticular Activating System の略で、日本語では脳幹網様体賦活系と言います。そして**このRASを上手く使いこなせば、「全部思い通りになる」のです。**

まず、RASがどんな脳機能かというと、数多くの情報の中から、今のあなたにとって必要な情報を選別して脳内に通すフィルターのようなものです。私たちは、今この瞬間もRASを通して、必要な情報だけを脳内で処理しています。今あなたが読んでいるこの本の周りの視覚情報、今着ている服の肌感覚、かすかに聞こえる周りの機械音や雑音、これらを全て脳内で処理しようとすると、一瞬で莫大なカロリーを使ってしまい、生命に関わってしまいます。

ですから生命維持のためにも、この必要な情報だけを処理するRASという機能が発達しているのです。実際に今、肌感覚や周りの機械音や雑音は、私に言われるまであなたの世界に入っていなかったですよね。

そう、私たちは全ての情報を脳に入れているわけではないので、実は大事な情報を日々取りこぼしている可能性があるのです。必要な情報だとRASが認識しているものだけを脳が選択しているので、理想を叶えるための情報を逃したくない場合は、意識して脳に「必要」だと思える情報をインプットさせることがポイントです。つまり脳に「必要」だと認識させるために、繰り返し情報を脳に触れさせるのです。

そのためには、**あなたが叶えたい理想を、あなた自身が定期的に考えたり、口にしたり、紙に書いて繰り返し目で見えるようにする必要があります。**

私の場合は、理想を書いた紙を化粧台に貼ったり、外出先でも目に入るように財布の中にも入れていました。意識して達成したい目標を脳にインプットすると、無意識で達成に必要な情報が入ってきます。

しかし、そうやって定期的に触れるだけでは、まだ理想を叶えるのに重要な要素は引き寄せられません。ここでまた本気で「できる」という気持ちを持つことが、大事なポイントになっていきます。

もし、「理想を叶えたいけれど、私には無理かもしれないなぁ」と思っていると、その「私には無理」という言葉がRASに伝達されます。そうすると、「私には無理」という現実だけがピックアップされて、脳内で処理されるので、「やっぱり私には無理」という負のスパイラルに入り、「どうせやっても無理だから」と、目標達成に向けての行動を起こさなくなります。

反対に、本気で「私ならできる」と思うと、あなたが「できる」理由、あなたが「できる」ようになるチャンス、あなたが「できる」ようになるための人脈が、RASを通じて、あなたの人生にどんどん舞い込んできます。そうすると、さらに「できる」気しかしなくなり、行動量が増し、目標達成に近づいていくのです。

ここでひとつ注意点があります。脳は否定形を認識しません。例えば、「日本の国旗をイメージしないでください」と言われても、思い浮かべちゃいますよね。言われた単語は即時に脳内の引き出しから出されて、RASに入力されてしまいます。なので、引き寄せたくない言葉やイメージが頭の中にあると、嫌なことも引き寄せてしまうのです。

例えば「このプロジェクトを失敗したくない」と繰り返し思っていると、「失敗」という単語に脳が反応し、「失敗」する可能性がある理由をどんどんRASがかき集めて、自信を失い、行動が重くなり、脳に指令した通り「失敗」という現実に導いてしまう可能性があります。「失敗したくない」ではなく、「このプロジェクトを成功させる」と肯定的で断定的な言葉で脳に指令をするようにしてください。

頭の中にない言葉やイメージはあなたの世界から排除され、頭の中にある言葉やイメージがあなたの世界に入ってきて、それが現実を作り出します。**「無理」と思ったら、「無理」な現実に。「できる」と思ったら、「できる」現実に。現実は、「理想通り」ではなく、全部「思い通り」になるのです。**

引き寄せは、目に見えないものなのでスピリチュアルなものだと言う人もいますが、怪しいものでも、宗教的でもなく、脳の機能が関わっている科学的なものなのです。

理想を自動的にスルッと叶える方法

RASの機能を上手く使いこなせるようになると、自分が思い描いている「理想」の方が自分に近づいてくるので、自動的にスルッと理想が叶った感覚になります。私もお店を始めるとき、野球専門スポーツバーを経営する理想を繰り返しRASにインプットしました。

すると、生活の中に入ってくる情報や出会う人が変わっていき、理想を描いてから

7ヶ月後に、まずは雇われ店長として野球専門スポーツバーを立ち上げることになりました。その後、独立を決意し、またRASにお願いすると、理想通りの物件が見つかったり、安く内装工事してくださる知人が見つかったり、開業に関する情報があらゆるところから入ってくるようになりました。しかも、当時は月収11万円で貯金がゼロだったので、開業資金もありませんでしたが、開業に必要だった250万円ピッタリを引き寄せることもできました。そして開業2ヶ月後には、理想通りの月商7桁も達成しました。

その後も、新しいスタッフを募集する際、「英語が話せる／女性／美人／巨人ファン／家が徒歩圏内／年下／お酒が強い／夜が強い／初対面の人とすぐ仲良くなる」と、ズラッと条件を決めて、周りから「広島にそんな人いるわけないよ！」「無理でしょ！」と言われました。でも私はRASを駆使して引き寄せられるので自信満々でした。すると私の思った通り、その条件に全部当てはまるスタッフを雇うことができたのです。

それ以外にも、仕事、プライベート関係なく、RASを利用して理想を実現させるための情報を引き寄せ、やりたいことを叶え続けています。

そして実はＲＡＳ以外にもうひとつ、脳の機能を使って理想を自動的にスルッと叶える方法があります。ホメオスタシス（生体恒常性）という身体的にも心理的にも私たちの現状を一定に保つ機能を利用するのです。

まず簡単に身体的ホメオスタシスの作用を、体温の例を用いて説明します。寒い環境にいるときは、ぶるぶる震えてしまいますよね。筋肉が震えることで、熱を生成させて体温を上げ、平熱を保っているのです。逆に暑い環境にいるときは、汗をかいて体を冷やし、平熱を維持しようとホメオスタシスが働きます。

これが心理的にも同じように作用するのです。平熱を保つように、「いつもの日常」を維持しようとします。そのため、三日坊主という言葉があるほど、新しい目標を立てて行動しようとしても、結局「いつもの日常」に戻ってしまうのです。

一方で、脳は、目の前の現実と妄想の区別がつきません。では現実と妄想、どちらを〝平熱〟とみなすのか？　実は、どちらと決まっているわけではなく、より臨場感のある方が〝平熱〟になります。

ですので、理想を脳内で臨場感たっぷりに妄想することによって、理想の世界が〝平熱〟と認識されるのです。しかし、その妄想は、目の前の現実とのギャップが生じているので、一定になっていない状態になります。このギャップを埋めるために、ホメオスタシスが心理的に働き、〝平熱〟の方に合わせるように、自然と行動が変わっていくのです。

私も目の前の現実は「フリーター」「月収11万円」、そんなときから脳内で「経営者」「月収100万円」を妄想し続けた結果、このギャップを埋めるような行動をするようになり、現実が後から追いついてきました。

このように行動が変化し、時差はありますが、気付けば妄想だった方が、目の前の現実になったのです。

ここでまた同じく、脳は否定形を認識しないという注意点を思い出してください。健康に過ごしたいのに、「病気をしないように」と言い聞かせると「病気」になっている自分を無意識にイメージしてしまいます。「病気をしないように」ではなく「健康のために」、「貧乏にならないように」ではなく「経済的に豊かになるように」など頭の中での言葉遣いも意識してみましょう。

結果を出していない頃から、私はよく「思考は現実化されるから」と言っていましたが、それを「ヤバい人たちが言う言葉」とバカにして笑う人たちがいました。その人たちも当時の私と同じで、時間とお金に余裕がある生活を望んでいました。でも今その人たちは、前と変わらず時間とお金に縛られて、ストレスを抱えた生活を送り続けています。「人生こんなもんよね」と思っていることが、現実化されている結果です。私は逆に、「思ったことは叶わない」と言っている成功者を見たことがありません。人生上手くいっている人たちの共通点は、このような目に見えない原理も信じているということなのです。

過去の経験や思い込みに左右されず遠慮ない未来を思い描く

本気で「できる」と思える理想を描こうとすると、今の自分のできる範囲の中で理想を描こうとしてしまいます。「やりたい」ことではなく、「できる」と分かっていることを描きがちです。思ったことは現実化されてしまうので、遠慮した未来を描いてしまうと、その遠慮した未来がやってきます。そうやって、今の自分ができることの中で未来を描き続けるとどうなると思いますか？　理想を現状の延長線上に描いているので、ずっと今の自分と変わらず、未来も現状もそのままになってしまうのです。

私もフリーターのときは、自分のできる範囲の未来しか描けませんでした。当時の現状の自分にとってのベストな未来を描いていたのです。

「2年後ぐらいに、平均年収よりは少し上の会社員と結婚して、私はパートを週3日ほどする程度。誕生日や記念日には旅行できたらいいな」

それ以上のことを望んでも、叶わないと思っていました。もちろん、これも現実化されたら幸せな理想だと思います。でも私の本心は、「はじめに」のパートでも書いていたように、「私だって本当は好きなことをして自由に働きたい……」だったのです。

「本当は、男性に頼らず、経済的にも精神的にも自立して、お金も時間も豊かで、仕事もプライベートも自分の好きなことだけをして生きていきたい！」

私の心の声はそう叫んでいましたが、頭では現状の自分に「できること」と「できないこと」を判断してしまい、心の声をかき消していました。そんなとき、私が使わせていただいている肩書き〝ワークライフスタイリスト®〟の創始者である宮本佳実さんの本に出会いました。

彼女は高卒で手取り月給16万円のＯＬから、好きなことを仕事にして週休５日実働10時間で年収１０００万円を実現されていました。

そのストーリーを読んで、気付かされたことがあります。**今から私が迎える未来は、過去や現在の延長ではなく、そこことは切り離された理想の自分だということ。**過去の自分がやったことがないから、現在の自分の能力ではできないから、といった理由で未来を諦めるのはもったいない！　と思ったのです。

それから私は、遠慮のない未来を描きました。

アルバイトと主婦の経験しかない私は「経営者になる」という夢を描き、月収11万円の会社員の私は「本を出版する」という夢を描き、履いている靴を「これ、１００0円だったの！　めちゃ安くない⁉」と安さ自慢をしていたアラサーの私は「靴棚を高級ブランドで埋める」という夢を描きました。

私がこの文章を書いている時点で「本を出版する」という夢はまだ叶っていません

が、あなたがこの文章を読んでいるということは、今全てが叶っています。

夢を描いた当時の私からすると、全てが現状の外側でした。現状の延長線上に存在しなかった未来を迎えることができたのは、遠慮なく現状の外の未来を描いたからです。現状の外の未来を描くことによって、先ほどお話ししたホメオスタシスが働き、自分の行動が変化し、成長していき、新しい自分を未来で生むことができたのです。

逆をいうと、現状を考慮して遠慮した未来を描いてしまうと、現状のままの自分の延長線上に未来を迎えることになるので、何も変わりません。**現状の働き方・ライフスタイルを変えたいと思うのであれば、遠慮のない未来を描いてください！**


以前生徒様に、「じゃあ、『宇宙に行く』とかでもいいんですか？」と質問されたことがあります。もちろんOKです！　ただ、その夢に対して、自分がワクワクしているかどうかが大事になります。今の自分にあり得ないことを描くこともちろんポイントですが、それよりも自分が情熱を持って取り組めるかどうか、が重要です。でないと、途中でしんどくなってやめてしまうからです。

他にも、「月収100万円を想像するとワクワクするし、叶ったら『最高！』って思うけど、その分働かないといけなくて大変そうだから、月収100万円の夢は微妙かなって思います」とおっしゃる生徒様もいらっしゃいました。

これも、過去の自分の経験や知識に影響されている考えです。「たくさん稼ぐためには、たくさん働いて大変な思いをしないといけない」という思い込みが彼女にはありました。「好きなことで楽しく働いて、月半分は休みで月収100万円」と遠慮なく描いてもいいのです！　このように理想を描いているときに、「こうしたいけど、〇〇だったら嫌だな」と思った場合は、「じゃあ、どうだったらいいのか？」も自由に描いてください！

理想の未来を描くときは、自分に「できる」か「できないか」ではなく、「やりたい」か「やりたくないか」を軸にすることを覚えておいてください。するとイメージしたことが現実化されます。ですから、遠慮した未来を描いたら、損してしまうのです！　あなたの頭ではなく、あなたの心の反応に従って、最上級の未来を描いてください。

欠乏、不安からの未来じゃなく、ワクワクの未来を

私の講座で、理想の未来を描くワークのときに、このようなことを書く生徒様がたまにいらっしゃいます。

「万が一のときのために、たくさん貯金をしておく」

「将来一人は不安だから、結婚したい」

「今の職場環境に不満があるから、仕事を変えたい」

もちろん「貯金をしたい」「結婚したい」「仕事を変えたい」は、個人個人の素晴らしい目標です。ただ、その理想を描いている理由が、「不安」や「欠乏」からきていることが、気をつけなければいけないポイントです。なぜなら、今「不安」や「欠乏」を感じていると、それと同じ感情を感じる未来がやってくるからです。

今から量子力学のお話をするので、少し難しい単語が出てくるかもしれません。し

かし、私はこの仕組みが腑に落ちてから、欲しいものを引き寄せる力が爆増したので、皆さんにも必ずこの話をお伝えしたいのです。

まず結論から言いますと、**世界は同じ周波数同士のものや出来事が引き合う仕組みになっています**。この世の全ての物質は素粒子からできています。あなたが今手にしている本、もしくはスマホも、あなたが今着ている服も、全く見た目が違っても、全て元々は同じ素粒子という要素から成り立っています。

素粒子は波動を出す性質を持っているため、全ての物質から周波数が出ていますが、ものによってそれぞれ出ている周波数が違うのです。その中で、同じ周波数のものは共鳴し合い、引き合うようになっています。この「同じ周波数同士は引き合う」ということをまず覚えておいてください。

私たちの脳から出る思考と感情にも周波数があります。実際に、脳波というエネルギーは目に見えなくても、振動は脳波測定器などで観測できます。私たちから出ているその周波数と同じ周波数の物や出来事が共鳴して、引き合う形になります。簡単にいうと、ポジティブな周波数をあなたが出していれば、ポジティブな人、ポジティブな出来事がやってきます。

みなさんも経験があると思いますが、いいことがあるときって、不思議といいことが続きます。そして、イライラしているときに限って、イライラすることがどんどん起こりませんか？　これも周波数の原理が関わっています。

例えば、目の前の現実が「テレビ」で、私たちの体は「リモコン」だとします。リモコンの1チャンネルを押すと（＝1チャンネルが映る周波数を出すと）、その周波数に合わせてテレビに1チャンネルが映りますよね。同じように、私たちの体からワクワクチャンネルの周波数を出していると、ワクワクする出来事が目の前の現実で起きて、イライラチャンネルの周波数を出していると、イライラする出来事が目の前で起こるのです。

このように目の前の現実が、今私たちが出している周波数によって変わってしまいます。なので、先ほどの「万が一のときのために……」「将来一人は不安だから……」「今の職場環境に不満があるから……」という理想を描いているときの感情は、「不安」「焦り」「怖れ」「不満」という感情で、ネガティブな周波数が出ているので、未来も同じような感情を感じる出来事が引き寄せられてしまいます。「たくさん貯金をする」が目的なら、「旅行をするために」など何かワクワクする感情を出しながら理想を描くようにしましょう。

この周波数の原理を使って理想を叶える方法の一つが「予祝」です。これは文字通りまだ達成されていないことに対して、「予めお祝い」をするというものです。

私の継続講座でも、最終日は生徒様に理想が叶った未来にワープしていただき、みんなで目標達成を高級ホテルのスイートルームでお祝いします。私が毎回スイートルームを用意する理由も、スイートルームにふさわしい自分の周波数に、生徒様に合わせていただきたいからです。

実際、私も予祝でたくさんのことを叶えてきましたし、生徒様も目標にしていたパリコレモデルの最終オーディションまで行ったり、他にも会社員を卒業したり、年収が100万円UPしたり、本を出版したり、続々と予祝したことが現実になっています。

予祝はスポーツ界でも盛んで、甲子園常連校の野球部が、甲子園での試合中に予祝をしている様子を全国中継で見たことがあります。負けている状況の中、部員全員がベンチ前に集まって、みんなで人差し指で天を指して飛び跳ねていたのです。これは優勝した瞬間にする行為です。私は予祝を知っているので、「予祝してる！」と大興奮しましたが、おそらくほとんどの人は「負けてるのに何してるんだろう？」と疑問に思ったでしょう。ちなみにその予祝した高校はこの回に3得点をし、同点に追いつきました。

こうやって私たちは目で直接観測できない力を利用して理想を叶えているのです。この世界で人間が目で観測できる物質は、実はわずか5％。目に見えるものしか信じず、そのたった5％しか活用しない人と、残りの95％に含まれる目に見えない力も信じて活用していく人の結果の差は、どんどん広がっていきます。

完璧を目指さず、とりあえず動く

「とりあえずやってみる」

この行動に関するポリシーが、時間もお金もなかったフリーター30歳の私を、ここまで連れてきてくれました。「とりあえずやってみたらいいよ」と言われても、どんな挑戦にもリスクはありますし、失敗が怖くて動けないかもしれません。そんなときの私に、背中を押してくれる言葉を紹介します。

それは、「**成功の反対は失敗じゃなくて、挑戦しないこと**」です。

失敗することがダサい、恥ずかしい、全くそんなことはありません！　むしろ、本当はやりたいことなのに、いろいろとやらない方がいい理由を並べて、挑戦しないほうがダサいのです。

上手くいく人の共通点は、行動が早くて、行動量が多いことです。逆を言うと、人生がなかなか変わらない人は、「いつかやる」となかなか行動に移さなかったり、行動はしたとしても、行動量が圧倒的に少ないのです。

例えば、100個中1個が「成功」という当たりくじの中からハズレくじを引いた場合、「ああ、やっぱり私にはできないのか」「私はきっと向いてないんだ」と、ほとんどの人が思ってしまいます。

でも、くじは100回引いてもいいんです！　くじを引ける回数は、制限されていません。あなたが諦めるまで無限に引けます。なのに、大体の人が1~3回しかくじを引かないので、「一部の人しか成功しないんだよね」となるのです。

他人の成功を見たら、「やっぱりあの人は特別だよね」「あの人だからできたのね」と思うかもしれませんが、違います。あなたよりも挑戦している数が多いだけなのです。

私も今でこそ50人規模のイベントを開催していますが、初めての主催イベントの参加人数は0人でした。でも私は、軽く次から次へとくじを引き続けました。こうやって、挑戦すればするほど、当たりくじを引けるコツが分かってくるんです。

さらにやってみるからこそ分かることがたくさんあります。お客様が集まりやすい日時、注目してくれやすい投稿方法、口コミされやすいイベント内容など、ハズレくじを引けば引くほど分かってきました。

「とりあえずやってみる」からこそ、自分に合う合わないも分かってきます。上手くいかなかった事実は何の問題もありません。自分に合っていなかったことが分かった、というのも収穫です。何かを始めると、ずっと続けなければいけない、なんていうルールもありません！　とりあえずやってみて、自分に合わなければやめたらいいんです。私も、今までいろんなことに挑戦してはやめてきました。だからこそ、自分に合うものが最終的に分かるので、それも自分の心地よいワークライフスタイルのヒントになるのです。

そして、調整は後からいくらでもできます。私はブログを２０１７年に始めたのですが、初めは何を書いていいのか分かりませんでした。なので、一発目のブログは「今日からブログを始めてみようと思いました」という書き始めで5文で終わる、内容がない投稿です。

でも、それでいいんです！　書いていくうちに、書きたい内容が絞られてきたり、相手に伝わりやすい書き方が分かってきたり、機能を上手く使う方法も理解していくのです。行動する上で大事なポイントは、理解してからやるんじゃなくて、やりながら理解すること。

目標に向かって行動する上で、私が提案しているのは、「70％の完成度で１００％

のエネルギー」。初めから100％の完成度は目指さないでください。むしろ、完璧を目指していたら、いつまで経っても一歩が踏み出せません。私もブログを初めから100％の内容で投稿しようと思ったら、ずっと投稿できていません。今の自分から見たら2％の完成度ですが、当時の自分からすると70％の出来だったので、初投稿でドキドキしながらも公開ボタンを押しました。

完成度は70％でも、エネルギーは100％注いでください。「70％だからいいや」と手を抜くのではなく、自分の中で今のベストを尽くす。でも出来具合は70％の完成度で十分！　これをリピートしていくことが大事です。「とりあえずやってみる」の繰り返しが、1年後、あなたが想像しない場所に連れていってくれます！

全ての出来事は必要・必然・ベスト

行動をすればするほど、いいことも悪いこともどんどん起こっていくものです。その中で、どんな出来事が起こっても、立ち止まらず前進していく人が得意としていることがあります。それは、「全ての出来事は自分にとって必要な出来事」という理由付け！　自分にとってどんな不都合なことも、それ以上のいい意味を見つけ出すのです。

ネガティブな出来事でも、時が経つと、後になってそれが必要だったということが分かる経験は、あなたもあるのではないでしょうか？　例えば、失恋をしたとき、朝目が覚めた瞬間から悲しい気分になりますよね。でも、その人にフラれたおかげで、新しいパートナーと出会えて、「今はさらに幸せ！」なんて感じている人、いませんか？

私もフリーターの頃は、未来が不安で泣いていた日々がありましたが、今思えば、その不安があったからこそ、本当の自分の願望と向き合えました。ほぼ休みなしの月収11万円の会社員時代も、**心身ともに苦しかったですが、11万円という中途半端じゃない安月給だったからこそ、本気で「独立したい！」と思えたのです。**

もしこれが、手取り25万円だったら、「このままでもいいかな。どれだけ売上が悪くても、このお給料は確約されるし」と、雇われ続ける道を選び、今のライフスタイルはなかったかもしれません。当時の私にとっては、目の前の出来事は最悪でしたが、ベストなこの今を過ごすためには、必要で必然な出来事だったのです。

もし今、あなたがフリーターの頃の私のように、「人生、何が正解か分からない」と悩んでいたら、自分の本当の望みに向き合い、人生を変えるチャンスなのです。会社に不満がたくさんあるということは、より快適な働き方に移行するキッカケがあるということなのです。

とは言っても、「嫌な出来事を無理やりいいように思うなんて、なかなかできない！」と思う方もいらっしゃるかもしれません。未来の保証なんてないですもんね。そこで、思い出してほしいことが、決めた未来しかやってこないということ。どんな出来事も、決めた未来に辿り着くまでに必要な出来事なのです。答え合わせは数年後かもしれませんが、その叶えたい未来でさえ、ベストなタイミングで起こるんです。

私は月収11万円の会社員時代から、「本を出版したい」と思っていました。「出版ごっこ」をして、パソコンで打った文章をコンビニのコピー機で印刷し、お店のお客様に読んでもらったりしていました(笑)。

私は新月の日にお願い事を書いているのですが、そこにも毎月「出版したい」という願いを書き続けましたが、8年間叶いませんでした。でも、なぜ私が諦めなかったかというと、「いつか自分にとってベストなタイミングで叶う」ということを知っていたからです。なので、周りの起業家がどんどん出版していく中、「私には無理なんだ」と落ち込むのではなく、「夢が叶うタイミングまでの期間に、きっと本がさらにいい内容になる経験をするに違いない!」と考えていました。すると実際に、その期間に仕事でもプライベートでも、コロナ禍を通してしかできない貴重な経験をし、「どんな現状でも理想は必ず叶っていく」ということの確信が強まりました。

「未来はこうなる」と決めていたからこそ、自分にとって都合が悪い出来事も、全てプラスの意味付けができ、行動が止まることなく目標達成まで継続することができたのです。

私ももちろん、目の前のネガティブな要素に影響されて、落ち込んだり、悲しくなったり、傷付いたりすることがあります。実は、私はさほどメンタルが強いほうではありません。でも、メンタルが弱いからこそ、前を向く方法をたくさん知っていて、ポジティブになれるスキルが身についているのです。下を向いてしまい、立ち止まり続けてしまっているときの私にかける魔法の言葉をシェアします。

「もし今のこの状況が、神様からのプレゼントだとしたら、何が見える?」

「現在」を英語で「present」と言うように、私は今起こっている全ての出来事は、ベストな未来へ辿り着くための、神様からのプレゼントだと考えています。そう考えると、失敗は成功を手に入れるために必要なプレゼントであるし、困難な出来事は、それを克服することによって自分が成長するためのプレゼントでもあります。

人間関係も同じです。大切な人との喧嘩も、よりお互いを理解するためのプレゼント、嫌な上司の出現は、「これを機に会社を辞めて、本当に自分がやりたかった起業をしよう！」という原動力のプレゼント。

ネガティブ要素に見えることも全て、あなたの決めた未来に辿り着くために必要な要素だからあなたの人生で起こるのです。全ての出来事は必要で必然でベスト、なおかつベストなタイミングでやってくることを覚えておいてください！

不可能を可能にするブレインストーミング

理想を叶えるということは、現状の自分にできないことをできるようにすることです。

ひとつずつ、自分にとっての不可能を可能にしていくという道のりです。その道のりに立ちはだかる「不可能」の壁を崩していく方法のひとつが、ブレインストーミング（brainstorming）です。これはアメリカの大学で学んだやり方で、直訳すると〝頭脳の嵐〟というように、思いつくアイディアを嵐のごとく出していき、その中から解決策を見つけるという方法です。

私は実際にこのブレインストーミングをして、理想を叶え続けたり、乗り越えることが難しいと思われた壁も突破してきました。

分かりやすく実例を挙げますね！　ブレインストーミングをする上で、初めに設定するのは目的。主婦とアルバイトの経験しかない当時の私の目的は「バーの経営者になる」ということでした。

目的を設定し、その方法を思いついたらとにかく書き出します。自分でも「これガラクタだな」と思うようなアイディアでもＯＫ！　ブレインストーミングは正解を出そうとすると、アイディアの嵐が止まってしまうので、正解を出そうとしないで大丈夫です。

書き出すときに大事なことは、①質より量、②無理と思われる方法でもとにかく自由に書く、この２つがポイントです。頭の中で考えるだけでなく、書き出すというのも必須です。目に見えるからこそ、考えがまとまりやすくなり、新たな発想も生まれることがあります。

「バーの経営者になる方法が分からない。でも動かないと人生が変わらない」そんな当時の私が書き出したブレインストーミングの一例がこちらです。

【バーの経営者になるためには？】

・経営者になるための本を読む

・経営者から直接話を聞く
・そもそも経営者の知り合いがいないので、経営者の知り合いがいないか周りに聞く
・経営者のセミナーに行く
・野球好きが集まるような飲食店のメニューを視察に行く
・人気なスポーツバーを検索する
・それは駅から徒歩どのくらいかを調べる
・人気店のメニューの価格帯を調べる

などなど、たくさん思いつくだけ書きました。このように書いた中から、できるものをひとつずつこなしていってください。実際に私は右記のリストを全てひとつずつこなしていきました。

先ほども言ったように、正解はなくても大丈夫です。ちなみに、私の正解は実はこのリストの中にありませんでした。結局、私が経営者になるまでに辿ったルートは、

周りに自分の夢を話しまくる▼5店舗飲食店を経営しているオーナーの耳に入る▼

5店舗のうち1店舗のバーが空き店舗になるタイミング。社員になればそのバーを私のやりたいようなバーにできるとの誘いを受けて入社▼蓋を開ければほぼ休みなしの月収11万円の雇われ店長。2年間勤務▼晴れて独立！　夢だった野球専門バーの経営者に！

結局このような道のりでゴールまで辿り着きましたが、ブレインストーミングの意味がなかった訳ではありません。この道のりは、動いたからこそ出会った道のりです。**何をしたらいいのか全く分からない状態で動けたのは、ブレインストーミングをしたからですし、たまたま今回の件では、私の辿る道がそのリストになかっただけです。**

こう見たら、安月給の雇われ店長として過ごした2年間が遠回りな気がしますが、全ての出来事は、必要・必然・ベスト！　でしたよね。

その2年間があったからこそ、安月給でもお金をいただきながら、お店の回し方を経験できました。そして、職場が苦しい環境だったからこそ、お客様たちは私の味方をいつもしてくれて、深い絆ができました。

その結果、独立直後から、店舗経営のやり方で困ることはなく、お客様もそのままついてきてくれたので、初めから集客・売上にも困ることなく順調なスタートが切れました。その2年間は夢への道のりの遠回りではなく、やはり必要な経験で、ベストな現在に繋がる出来事だったのです。

ブレインストーミングのリストが、ほとんどヒットした例も挙げておきます。コロナ禍に入った当初は、休業補償金もなく、店舗売上0円の中、固定費35万円をどう払い続けるかで非常に困惑していました。その上、自分の生活費も賄わなければなりません。

こんなときもブレインストーミングで、左記のことを書き出しました。

【コロナ禍を乗り切るためには？】

・オンラインイベントを開催する
・コロナ明けに使える前売り券を販売する
・寄付を募る
・別の事業で収入を得る
・コロナ禍の特例借金をする

右記はブレインストーミングの一部ですが、全て実施し、コロナ禍を乗り越えることができました。何もしなければ、お店は潰れていたことでしょう。

夢を叶えたいけれど分からない、どうやって困難を乗り越えたらいいのか分からない。だからといって分からないからと足踏みをしていては、現状は変わりません。そんなときは、不可能だと思われることを可能に変換できるブレインストーミングをしてみてください！

私の意見も他人の意見も正解

目的に向かって行動をしていくと、必ず自分の意見とは違う意見が耳に入ってきます。そんなとき、どちらが正しいのか迷ってしまい、一体どうすればいいのか考えているうちに時間だけが経ち、行動ができずじまいになってしまいます。でも何が正解なのか、分からなくて当然です。**なぜなら正解は、人の数だけ存在するからです。あなたの意見も正解ですし、他人があなたに言う反対の意見もその人の中での正解なの**

です。

自分と違う意見ならば、その意見を正解と認める必要はないと思うかもしれません。しかし、実は他人の意見を認めることは、あなたの可能性が広がるだけでなく、周りの目が気にならなくなるので、あなたが望む未来へ向かう上で必要なマインドなのです。

①自分の可能性が広がる

自分の中で出てくるアイディアは、過去の自分の知識や経験から生まれてくるものです。なので、自分の触れたことのない知識や、経験したことのないことをベースにした選択肢は思いつかないので、あなたが取る行動もその中の限られた範囲になります。そのため、出る結果もいつもと変わらないものになってしまうのです。

新しい選択肢は、自分の外側、他人の中にあります。他人の意見も「それも正解だよね」と認めることによって、自分の未来の選択肢のひとつになるのです。自分のことだから自分が思うことだけが正しい、他人の意見は全て不正解、というようにしていては、未来の可能性が広がりません。

同時に、それはただの選択肢であって、他人の意見を正解と認めることは、他人の言う通りに行動するわけでもありません。最終的にその選択肢を選ぶかどうかは自分次第なので、選ばなくてもいいのです。

そして、選択に迷ったときは、自分の心がワクワクするものを選びます。その選択肢を選んだ未来をイメージしたときに、楽しい、幸せ、充実、満足と感じるものを選択してください。その先には必ず同じ感情を抱く未来が待っていますから！

②周りの目が気にならなくなる

他人の意見を否定すると、潜在意識で同じように周りの人も自分の意見を否定していると認識してしまいます。そのため、自分がどう思われているのか、周りの目が気になって行動ができなくなってしまうのです。人間なので、周りから否定されたり、嫌われるのが怖いという感情を抱くのは当然です。

反対に、自分の意見とは異なった周りの意見を、「それも正解だよね」と認めてあげると、周りから見た自分の異なった意見も「周りから見ても私の意見は正解」という世界になります。相手の価値基準を尊重することは、結局は自分自身の価値基準を尊重することになります。そうすると、周りの顔色を窺《うかが》わず、本当に自分がいいと思っていること、本当に自分がやりたいことができるようになります。

相手に気に入られるような行動をとってしまいがちになっている人は、「私の意見も他人の意見も正解」と認めてください。あなた自身の意見を尊重できるようになれば、周りの目が気にならなくなり、理想の未来に向かって突っ走れます！

このように、他人も自分も認めることは、理想を叶える上での大事なマインドになりますが、美しさを増すためにも重要なポイントでもあるのです。**美しく内側から輝いている人は、自分とは違う他人の個性を認めているからこそ、他人とは違う自分自身の個性を認め、その特徴を独自の魅力にしているのです。**

相手を受け入れているからこそ、自分自身を受け入れることができ、周りと違うことを肯定的に捉えることができています。なぜなら美しさとは、唯一無二の個性を輝かせることだからです。

とあるミスコンの大会で、残念だったパターンを紹介します。ウォーキングがダントツで上手だった女性がファイナリストにいました。さらに彼女の魅力は、他のファイナリストにはいないショートカット。大会の練習を見ている限りは、彼女がグランプリに選ばれると誰もが確信していました。

ところが大会当日、彼女は周りの人と同じになるようなロングヘアのウィッグをつけてやって来たのです。たかが髪型ですが、その大会の出場者の中で唯一無二だった彼女の魅力が消え、全体の輝きが激減していました。

逆に他のファイナリストたちは、それぞれの個性を生かしたメイクやドレスを着用し、いつもに増して輝いていました。それを見て、彼女がどれだけウォーキングが上手でもグランプリは難しいかもと感じました。グランプリを選ぶのは審査員なのですが、案の定、彼女はグランプリを逃してしまいました。

あなたの生き方、意見、個性を周りに合わせる必要はありません。なぜなら、周りも正解ですが、あなたも正解だからです！ たとえそれが、９：１の割合で自分が１だとしても。

私もずっと他人よりも自分が割合の中で少数を占めてきましたが、それでも自分の心に従って生きてきた結果が今です。正解がひとつでないことを理解しているからこそ、自分の意見の自由を許すことができ、自分らしく生きたい人生を生きることができるのです。

自分で自分を幸せにする力がついている

後ほど第4章の「美人の秘密は『内面が9割』！」で詳しくお伝えしますが、美しく輝きながらも人生が上手くいく人は、外見が美しいだけでなく内面も充実していて、幸せを感じている時間を多く過ごしています。

では、どうやったら幸せを感じる時間を増やせると思いますか？　美味しいものを食べる、大好きな人と一緒に時間を過ごす、欲しかったものを買う、趣味に没頭する……。確かに、このような時間は幸せを感じるかもしれません。でも実は、幸せを感じるかどうかは、何をしていようと、今この瞬間あなたが選べることなのです！

何か嬉しいことがあったら、「幸せ」という感情が生まれて、何か悪いことがあったら、「悲しい」などの感情が生まれる……。というように、自分の感情は目の前の現実によって左右されると思っていませんか？　もちろん、目の前の現実によって感情が変わることは普通のことなので誰にでもありますし、私にもあります。でも実は、感情は自分自身でコントロールできるもの！　幸せも外的要因に関係なく感じることができます。

一番初めにお話したように、**事実はひとつでも捉え方は無限にあります。インスタライブの視聴者が３人というひとつの事実に対して、「３人しか見てくれなかった」と思うのも、「３人も見てくれた！」と思うのも、あなたが決めることなのです。**この捉え方次第で、前者と後者で感じる感情が変わってきますよね！　ひとつの事実に対して、どのように捉えるかは、その人の思考パターンによって無意識に左右されています。その思考パターンの捉え方に沿って、自分自身の感情も振り回されているのです。

自分で自分を幸せにする癖がついている人、自分で自分を不安にする癖がついている人、思考の習慣は人それぞれですが、自分の思考パターンがどういう傾向なのかは、自分でも気付いていない人がほとんどです。

例えば、「寂しいから彼氏が欲しい！」と言っている人は、「寂しい」にフォーカスする思考パターンなので、どんな状況でも結局寂しいのです。彼氏ができても「電話ができなくて寂しい」、電話をしていても「会えなくて寂しい」など、自分を自分で寂しくする癖がついています。

自分自身を自分で幸せにする癖をつけるには、どうすればいいのか？　答えは「ある」にフォーカスすること、とはよく言われていることですが、それ止まりでは私は足りないと思っています。**それが「ある」ことによって、日常が豊かになっていること、満たされていることを認識するところまでしてください。**そうすると、自然と感謝の気持ちが湧き上がり、幸せを感じることができます。初めは意識しないと思考パターンは変えられません。しかし、その習慣がつくと、わざわざ考えなくても、今「ある」ものにフォーカスして感謝ができ、無意識で自分で自分を幸せにする力が身についている状態になっています。

と言う私も、先日足りないものにフォーカスしていたことがありました。2月の最終日に体調を崩してしまい、お店を休むことになりました。いつもより少ない日数の中からできるだけの成果を上げたかったので、「今月は29日しかないのに！」と、悔しい感情が込み上げてきました。そんなときに、私の体調不良でお店の休業を知った、耳の不自由なお客様から、こんなDMがきました。
「ご無理なさらないで、2月があと1日残っていたことに感謝して、ゆっくり休んでくださいね」
これは、私が「ない」にフォーカスしていたことを痛感した1通でした。他の月と比べて1、2日少ないのではなく、うるう年の2024年は、例年の2月に比べて1日多いんですよね。私の周りには、そのお客様のように、音のない世界に住んでいる人たちがたくさんいます。彼らは耳が聞こえないからと言って、不幸ではありませんし、むしろいつも幸せを分け与えてもらえるほど、幸せで溢れている人が多いのです。

あなたは今もしかすると、大きな問題を抱えているかもしれません。でも、今この瞬間、何か問題がありますか？　何の問題もなく、生きています。この本を読む時間がある、この本を読める場所がある、この本を買えるお金がある、この本を読める目がある。今この瞬間、「ある」にフォーカスするだけで、幸せという感情を感じることを選ぶことができるんです。

どんな現状でも、その中で「幸せ」を見つけるかどうか、「幸せ」を感じるかどうかはあなたが決めるのです。

今日はどんな幸せがありましたか？　もしパッと思い浮かばなければ、**「今日も幸せだなぁ！」と口に出してみてください。そうすると、自動的に脳が幸せな理由を探し始めるので、「ある」にフォーカスしていきます。**

幸せは、「〇〇だったら幸せ」のような条件で感じるものではありません。幸せは、求めたり、取りにいくものではなく、今この瞬間感じるかどうかあなたが選択できるものなのです。

自分の価値は自分で決めてOK

自分自身を幸せにするかどうかは、今の自分が決められることと同じように、あなたの価値も、今のあなたが決めていいのです。

なのに、「周りの評価＝自分の価値」だと勘違いしている人が多いです。学校でも数字で評価され、会社でも上司から評価され、そして家族内でも「あなたは何しても続かないんだから」と評価され、それがあたかもあなたの価値のようになっています。**でもあなたの価値は周りの言う通りではなく、実はあなた自身が決めた通りになるものなのです。**


私が月収11万円の会社員のとき、会社全体で20人弱のグループLINEがあり、そこに各店舗が毎日の売上を報告していました。社長は売上の悪い店舗の社員に対して、グループLINE内で厳しい言葉で叱責をする人でした。なので、私も社員全員の前でたくさんひどい言葉を社長に言われてきました。

「綾香さんは未熟だからね。売上があるのは会社のおかげであって、綾香さんの実力ではないよ」

「綾香さん、営業に力を抜きすぎ。サボりたいようにしか見えない」

全員の前で言われることによって、「やっぱり私は実力がないんだ。こんなに一生懸命頑張っているのにサボっているように見えるんだ。31歳までちゃんと就職したことなかった私の価値は、こんなもんなんだよね。だから月11万円しかもらえないんだよね」と心底そう思っていました。

私はこの会社が嫌いでしたが、仕事内容は好きでした。仕事を楽しんでいるときに気付いたのが、「私は会社に認められるために人生を生きているわけではないし、この仕事をしているわけではない。私は、一人でも多くのお客様に楽しい時間を過ごしてもらえる喜びを味わうために、この仕事をしてるんだった！」ということ。「**自分の価値は、会社に認めてもらわなくてもいい！　自分の価値は自分で決める！**」そう思ったのです。

私はそれから、

・私は月収50万円稼げる能力がある
・私はもっと楽しく自由に仕事をできる権利がある
・私は会社を辞めて独立しても上手くいくほどの実力がある

自分の価値をそのように決めました。

そうすると、その会社内に留まるのが本当にもったいない気分になったのです！　だって、私は会社を辞めて独立しても上手くいくほどの実力があって、月収50万円稼げる能力があるんですから！　そして、もっと自由に楽しく働いてもいいのに、わざわざ月収11万円のモラハラ企業で働くなんて、もったいないでしょ⁉

そこに気が付いてからは、すぐに辞める準備に取り掛かり始め、自分で自分の価値を認めているからこそ、社長にどんなひどいことを言われても「はいはい」と心の中で流すことができるようになりました。そして結果、自分の決めた価値通りの自分になることができたのです。

これまで「あなたが決めた未来しかやってこない」とお伝えしてきました。**つまりはこれから先「こうなる！」とあなた自身が決めた自分にしかならないということです。**子どもの頃は、周りの大人に決められてきたかもしれません。親が子どもに対して、「この子、人見知りなんです」と他人に紹介すれば、子どもは「自分は人見知りなんだ」と思い込み、本当に人見知りになってしまいます。

でもみなさんは、親に「あなたはこんな人」と決められる年齢ではないと思います。自分の意思で、どんな人間になりたいかを決めることができるはずです。

私も大人になっても、親から自分の価値を決められるような言葉をずっと言われてきました。当時、応募総数約150人だった広島のフラワークイーンというコンテストに応募することを母に伝えたときは、「あやちゃんが選ばれるわけないじゃん！」

と即答でした。

実は私の母は、子どもの頃から私が挑戦したいことに対して、「あやちゃんはできないよ」と言うタイプでしたので、子どもの頃の私は「できないんだ」と、やりたいことをただ諦めていました。でも大人になった私は、「私は選ばれる価値がある」と自分の価値を決めていたからこそ、母の言うこともスルーすることができました。

結果、私は本当にフラワークイーンに選ばれました。たとえ選ばれなくても、自分で自分の価値を決めているので落ち込むことはきっとなかったと思います。なぜなら審査員が私を認めなくても、私が私を認めてあげていたからです。

周りから「あなたにはできない」と言われただけで、その通りに自分の望んでいない「できない」現実を、素直に迎え入れる子どものようになっていませんか？　**周りにあなたの価値を決めさせないでください。ぜひあなたの価値は、あなた自身が決めてください。**

私たちは一気に変わることはありません。少しずつ変化していきます。なので、途中で焦って、自分を疑ってしまうことがあるかもしれません。

でも、大丈夫！　自分の望む価値通りの結果が今は出ていなくても、未来にそうなる価値を秘めていることは間違いありませんから！

周りが決めた価値通りのあなたで行動するのではなく、あなたが決めた価値通りに行動して、あなたがいきいきと輝く場所に移動しましょう！

手放す力を身に付けている

もっと自由に働きたい、海外旅行に頻繁に行ける生活がしたい……。私自身、そんな今の自分にないものを手に入れるには、何かを新しく得る力が必要だと思っていました。しかし、その力以前に、次のステージに行くために必要なのは、手放す力！

人生の次のステージにどんどん移動している人は、みんな手放し上手です。

ステージアップのために手放す必要があるものは、目に見える物理的なものだけでなく、目に見えない思考や感情、人間関係、時間など、エネルギーの全てを含みます。

今持っているものを手放すと聞くと、人生のマイナスになってしまうような気がするかもしれません。しかし、この手放す工程を挟まなければ、理想の未来に近づくためのさらに良いものが、あなたの人生に入ってこないのです。

それでは、何を基準に手放していけばいいのでしょうか？　それは、理想の自分が持っていなくて、今の自分が持っているもの、それを基準にします。

私たちはそれぞれ抱えられるエネルギーの量が決まっています。ものも情報も人脈もこの世の全てがエネルギー。その人のエネルギーの器がパンパン状態だと、新しいエネルギーを入れることができません。新しく何かを得るためには、まずは何かを手放して余白を作らなければなりません。

理想の自分が持っていなくて、今の自分が持っているものを手放して、そこで初めて余白ができ、次に理想の自分が持っていて、今の自分が持っていないものをその余白に埋めていきます。この繰り返しをすることによって、少しずつ理想の自分に近づいていくのです。

単純に考えて、理想の自分が持っていないものをずっと持ち続けていたら、いつまで経っても理想の自分になれないですよね！

物理的なものの手放しの例を挙げます。私はフリーター時代、経営者になる夢が叶ったら、どんなお洋服を着ているかな？　と考えたときに、頭の中でイメージした理想の自分のクローゼットの中は、質のいい服しか並んでいませんでした。でも、当時のクローゼットには5000円未満の安いお洋服のみが並んでいました。理想の自分が着ていないようなお洋服を着ている限りは理想の自分になれないので、少しずつ手放していきました。その空いた余白に、理想の自分が着ているものを埋めていきました。

しかし中には「このワンピースは理想の私は着てないし、糸も少しほつれているけれど、まだ着られるから手放すのはもうちょっと着てからにしよう！」と、3800円で購入した安い素材のワンピースを8年着ていたことがありました。そのワンピースを着ていて、ある日気付いたんです。このワンピースが私をこのステージ止まりにしていることに！　本当に着たいワンピースを買えない経済力の私、そして好きという理由でなく、もったいないからという理由で服を着る私……。そんな価値を自分につけてしまっていました。

そのワンピースを手放すことは、「もったいないから着る」という思考を手放すことにもなったのです。

そして、本当に着たい服でクローゼットを埋めて、「心が喜ぶような着たい服を着る」という思考で埋まりました。これを1度経験することによって、2回目からはさらに軽く手放すことができ、そしてさらに軽く自分が本当に着たい服を買えるようになり、理想の自分に近づいていることを感じました。私たちは着ているお洋服にふさわしい振る舞いを自然としてしまうものです。身に付けるものや、普段身の回りに置くもの、そして日常的に使うものは、理想の自分にふさわしい物で埋めていきましょう！

仕事もこの考えで、手放しては、手に入れての繰り返しで、今の働き方になっています。30歳でフリーター生活をしているときに「理想の自分はアルバイト生活をしていない」と分かったので、まずはアルバイト生活を手放すことを決断し、次の職が決まっていないのにも関わらず、アルバイトを辞めました。すると、不思議とやはり手放したらその余白を埋めるように会社員になるチャンスがすぐに入ってきました。

時間とお金と体力の使い方も同じです。**何をするかより、まずは何をしないかを決めます。**理想の未来に繋がらないようなことを手放して、理想の未来に繋がる時間とお金と体力を確保しましょう！　私の場合は、友達とのお茶に使う時間とお金を手放して、県外までセミナーに行く時間とお金に使いました。テレビを見る時間を手放して、成功者の思考を学ぶ本を読む時間で埋めました。

人間は持っているものを失うことに恐怖を覚える生き物です。なので、手放すことに躊躇することがあると思います。しかし、手放さない限りは、それ以上のいいものはあなたの人生の中に入ってきません。**「入ったら手放すんだけどな」と私も昔思っていましたが、やはり手放すのが先です！**　まずは小さなもので、理想の自分が持っていないのに今の自分が持っているものを、今日何かひとつでも手放してみましょう！

自分を大事にしている

美しい人は、きちんと自分自身を大切にしてあげる時間や行動をとっています。健康な艶がある肌を作るために、栄養のあるものをしっかり摂ったり、1日頑張ったむくんだ脚のケアのためにお風呂でマッサージをするなど、自分自身をケアする習慣がついています。

そしてそれは、外見のケアだけではありません。内面のケアもすることで、健康的で安定した精神を保ち、その内面の魅力が外見の美しさに反映されていくのです。

内面のケアが特に必要なのは、頑張り屋さん。頑張り屋さんほど、自分に厳しかったり、自分を責めてしまうことが多いです。そして、自分のことを「頑張り屋さん」だと認めていない人がほとんどです。まずひとつ事実を言わせていただくと、今この本を読んでいる時点で、あなたは頑張り屋さんです。世の中の人全員が、あなたと同じように自身を成長させるための本を読むという行動をとっていると思いますか？　一部の人しかしていないことなのです。

そんな頑張り屋さんのあなたに、ありのままのあなたを認めて、許して、褒めてあげるセルフコンパッションのやり方をお伝えします。セルフコンパッションとは、自分自身を思いやるという意味です。他人に対する思いやりの心を持っていても、自分自身に同じように思いやりの気持ちを持っている人は、意外と少ないのです。例えば、家族やあなたの大切な人が、大変な時期を過ごしているとき「きっと大丈夫だよ」「もう十分頑張っているよ」と、言葉をかけてあげますよね。そのような言葉をあなた自身にもかけてあげるのです。

自分に優しくすることは、決して甘えではありません。逆に、自分自身を認めてあげることによって、向上心が高まり、自分自身の成長にも繋がるだけでなく、周りにも優しくなれます。

それでは、手を胸に当て、心を落ち着かせて、呼吸や心臓の鼓動を感じるように、内側に意識を向けてください。

この1週間を振り返ったとき、どこかで自分自身を責めていませんでしたか？「思うようにできなかった」「もっとこうすればよかった」「あの人はできているのに」「なんて私はダメなんだ」そう感じませんでしたか？　その感情も「自分はこう感じているんだ」と受け止めてください。そして、そう感じているあなた自身にもOKを出してあげてください。

では、そこから頑張った自分を思い出しましょう。もっと寝ていたいのにもかかわらず、時間通りに朝起きて、疲れを見せず、元気に1日仕事を頑張りましたね！　お子様がいる方は、朝お子様を起こし、ご飯を作り、宿題を見てあげたり、自分の時間も顧みず、愛情たっぷりで1日頑張りましたね！

今日も、この1週間も、あなたはたくさんのことができました！　もう既にあなたは、たくさん頑張っていますよ。

それでは、あなたの後ろにもう一人のあなたがいることをイメージしてください。後ろから、あなたのことをぎゅっと抱きしめてあげてください。そして、次の言葉をかけてあげてください。周りに誰もいない場合は、声に出してくださいね。

「いつも頑張ってくれてありがとう」
「そのままあなたで、十分価値のある人間だよ」
「私があなたの一番の味方だから」
「どんなあなたでも大丈夫！」

それでは、もう自分には必要のないネガティブなエネルギーを吐き出すイメージで息を大きく吐いてください。そして、新しいポジティブなエネルギーを吸うイメージで、大きく息を吸ってください。この深呼吸をもう1度繰り返します。

そして最後に、いつもフル稼働をしているあなたの心と体に、元気にここに存在していることに「ありがとう」と優しい言葉をかけてあげてください。今、デトックスされたあなたの心がみるみる外側に現れて、どんどんスッキリとした柔らかい優しい表情になっていきます。

美しい外見を保つためにも、あなた自身を大切にするセルフコンパッションの習慣をつけていきましょう！

第3章

あなたにとっての「仕事」とは

大事なことを大事にする人生に

理想のライフスタイルを実現するためには、仕事をどう位置づけるかはとても重要です。「ライフスタイルよりも仕事で功績を残したい」という、仕事で貢献することの方を喜びと感じる人もいます。遊びよりも仕事を優先にしたい、仕事よりも家族を優先にしたい、人生の中での優先順位は人それぞれです。要は、あなたの人生で大事なことを大事にする人生を送ってほしいのです。

そのためには、**まずあなたの人生にとっての優先順位を決めることがポイントです。**遊び、仕事、健康、家族、友人、恋愛、住む場所……など、あなたの人生にとって何が大事な要素なのかに向き合ってみましょう。

私の場合、現在のＴＯＰ５は、健康↓家族↓仕事↓一人の時間↓遊びです。もちろん、その優先順位は人生のステージが移動するごとに変わっていきます。優先順位が変わるからといって、あなたの人生の軸がブレているわけではありません。「今のあなたの価値観に沿って優先順位を決める」ことをブレないようにしましょう。

私も起業当初は仕事よりもライフスタイルを軸とした理想を描いていました。なので、起業当初の優先順位ＴＯＰ５は、家族→遊び→仕事→友人→健康の順番でした。その優先順位で動いた結果、体調を頻繁に崩し、何もできなくなったので、今は健康を優先順位のトップに持っていきました。

そして当時は、旅行や野球観戦が中心のライフスタイルが憧れで、それを実行していましたが、現在はそれよりも仕事を優先にしています。なぜなら自分の仕事を通してお客様たちの人生が豊かになっていく姿を見て、嬉しさと楽しさを、自分の趣味の時間以上に感じているので、今は仕事が先にきます。しかし、今でも仕事よりも家族の方が大事なのは変わりませんので、家族の時間を犠牲にせずに、仕事を楽しんでいます。

勘違いしてほしくないのは、優先順位が下なものを切り捨てるということではないということ。全て大事なことなので、全部手に入れていいんです！「仕事か恋愛か趣味か、どれか選べ！」ではなく、仕事も恋愛も趣味も全部大事にしてＯＫ！優先順位とは、どれかを選ばなければいけない場面になったときの判断材料です。

例えば、家族全員が集まる父の誕生日会と仕事が重なった日がありました。その日の仕事を選択すれば、楽しくガッツリ短時間で稼げる内容でした。しかし、私は人生の優先順位を決めていたので、迷わずその日の仕事は手放し、誕生日会に参加することを選びました。もし仕事を選んで、翌日私の人生の最後が突然きたとしたら、間違いなくその選択に私は後悔していたでしょう。**人生の中での優先順位を決め、人生で大事なことを大事にすることは、後悔の少ない人生を送ることにも繋がるのです。**

ここで地方出身者からよく聞く悩みが、「地元に住みたいけれど、地元にはやりたい仕事がなく、都会に住まなければやりたい仕事ができない」ということ。やりたい仕事をするか、住みたい場所に住むか。これも、それぞれが人生の中で何を優先にしているかによって答えが変わってきますし、「なぜ地元に住みたいのか」で選択も変わってきます。

例えば、やりたい仕事は都会にしかないけれど、地元に住みたい理由が家族や友人と会えなくなってしまうのが寂しいという場合。この場合は、工夫をすれば両方手に入れることができます。都会に住んで、やりたい仕事をやりながらでも、地元に定期的に家族や友人に会いに帰ることはできますし、今の時代はZoomでも地元の人たちと繋がれます。オンライン帰省という単語があるぐらいです。こう言うと、「うちの親は年寄りだからパソコンは使いこなせない」などといろいろできない言い訳を並べられるのですが、こちら側が簡単にまとめて教えたらいいだけです。

現に、私はコロナ禍で祖父母に会えないときに、iPadと私の作った簡単な最低限の操作方法を書いた紙をプレゼントして、今でも90歳近い祖父母と毎週2～3回Zoomを繋いでいます。

そして、地方に住みながらでも、都会の企業でフルリモートワークをする選択肢も今ならあります。実際に私の友人も、東京の企業に所属して働いていますが、勤務地は広島県内の自宅です。

住みたい場所に住むこと、やりたい仕事をすること、このふたつのどちらかがどちらかを妨げてしまうのならば、「なぜ地方に住みたいのか？」「なぜその仕事をしたいのか？」それを考えてみましょう。そこから解決策や、本当はどちらが大事なのか見えてくるかもしれません。

あなたは仕事をするために生まれてきたわけではありませんので、仕事を中心とした人生を歩む必要はありません。同時に、その土地に生まれたから、そこにずっと住まなければいけないこともありません。あなたの人生の中で何が大事なのか？　これも、もちろん正解はないので、人生の中での優先順位は周りに合わせずにあなたが決めてください！

「好き」を仕事にする理由

「好きなことを仕事にしよう！」

そんなフレーズをよく耳にすると思いますし、私もこのことを強くおすすめします。なぜなら仕事次第で、その人の人生の大半の心とお金の豊かさが決まってしまうからです。

私がいつも「好き」を仕事にすることを強くすすめている理由には、大きく次のふたつがあります。

理由①寿命を削って仕事をしているから

私たちの寿命は、時間の積み重ねです。今この瞬間も、寿命の最後のラインに近づいているのです。何をしている時間も、寿命が削れていくことが、どうあがいても変えられない事実になります。

あなたは、どんなことに寿命を使いたいですか？　楽しいこと？　好きなこと？　イライラすること？　苦しいこと？　選べるなら、楽しいことや好きなことに使いたいはずです。**私たちの人生で、仕事は大半の時間を占めています。楽しく好きなことを仕事にする人生とそうでない人生では、人生の大部分がガラリと変わってしまうのです。**

もし今、本当はやりたくない仕事に寿命を削っている人、理不尽な上司のために寿命を削っている人は、本当にそのままでいいんですか？

私の周りでも、土曜日と日曜日だけを楽しみにしている人たちをよく見ます。「早く金曜日の夜にならないかなぁ～！」という言葉を耳にしますし、日曜日の午後から憂鬱になるという人もいます。「7日（1週間）のうち5日は早く終わって欲しい！」そう願っているんです。その数字を比例させると、「70年のうち50年は早く終わってほしい！」そう思っているのと同じことに早く気付いてほしいのです。

あなたの大事な命の時間を、「なかったらいいな」という時間にしないでください。あなたの寿命を大事に使ってほしい！　これが、私が「好き」を仕事にすることを強く推奨している理由のひとつ目です。

理由②好きなことを仕事にすると稼ぎやすいから

好きなことを仕事にしている人の生産性は、そうでない人の生産性の756倍あると言われています。 2倍、5倍の世界ではありません！

実際に、あなたも好きなことに没頭して、「気が付けば時間があっという間に過ぎていた！」という経験はありませんか？　同じように、好きなことに没頭して、「気が付けばたくさんの量をこなしていた！」という経験があると思います。しかし、嫌いなことに没頭して、「気が付けば時間があっという間に過ぎていた！」もしくは、「気が付けばたくさん量をこなしていた！」なんてことはありませんよね。同じ時間でも集中力が全く違い、生産性に大きく差がつきます。
そして、好きなことなので、周りにやれと言われなくても、自主的にこなしていきます。自主性も生産性もあれば、通常の会社なら出世して収入が上がりますし、自分のビジネスならば収入に直結します。そして、好きなことをしているので、努力をする必要がないのです。

例えば、野球選手になりたいと夢見る少年が、初めて親にグローブを買ってもらった日に、ワクワクしながら公園に行ってキャッチボールをしに行ったとします。この少年は、努力してキャッチボールをしていると思いますか？　日が暮れそうになっても、親に家に帰ってくるように言われても、まだキャッチボールをし続ける。少年は、努力をしている感覚だと思いますか？　周りからは頑張っているように見えるかもしれませんが、本人からすると努力でもなんでもなく、楽しいからやる、好きだからやる、という、やりたいから自主的にやっているだけなんです。

同じように、好きなことを仕事にしている人たちも、周りから見たら努力をたくさんしていて、大変そうと思われてしまうかもしれません。しかし、本人たちはただ楽しくて、やりたくてやっているだけなので、大変でもなんでもありません。私もよく、「頑張り過ぎじゃない？」「いろんなことやっていて大変だね！」「努力家だよね」と言われますが、私が勝手にいろんなことやりたくてやっているだけなので、大変ではありませんし、努力をしている感覚もありません。

私が野球専門スポーツバーを経営している理由も、野球とお酒が好きだからです。私にとって、お酒を飲みながら野球の話をすることは、誰に言われなくてもやりたいぐらい楽しいこと。人は活気のあって楽しいところに集まります。私自身が楽しんでいることによって、お客様も集まり、結果売上も上がります。

このことは、もちろん飲食だけでなく、どの業界にも言えることです。自分の仕事に熱意を持って楽しく仕事をしている人のところに人は集まります。

わざわざ大変で嫌な仕事をするよりも、楽しく簡単に感じる仕事の方が稼ぎやすいのです。お金は簡単に稼げるものではありません。しかし、簡単に感じることで稼げることは事実です。私たちが精神的にも経済的にも豊かに生きるためには、「好き」を仕事にするというポイントは欠かせないのです！

「もったいない」の基準でなく「心地よい」を基準に

ステージアップのためには手放す力を身につけることが必要であることを先にお伝えしましたが、その中でも一番手放しにくいのは「もったいない」と感じるものです。周りから「すごい」と思われるもの、長く続けている仕事、努力して得たもの、お金をかけて得た資格などは、なかなかサラッと手放せません。それが本当に自分にやりたいことならいいのですが、そうでなく、「もったいない」という理由で続けているならば、手放しましょう。

実際に私も「もったいない」にとらわれていた過去が長かったです。アメリカの大学出身という経歴があるので、英語を使う仕事をしないと「もったいない」という世間一般の考え方に縛られていました。その経歴を使わなければ、親が払ってくれた学費も「もったいない」ことになりますし、卒業するために深夜まで図書館で勉強し続けた私の努力も「もったいない」ことになりますし、5年間アメリカで過ごした時間も「もったいない」ことになります。なので私は、自分が「やりたいこと」よりも自分が「できること」を基準に仕事を選んでいました。

その基準に沿って、英語教室の先生をしたり、米軍基地のアメリカ人の子どもたちに日本語を教えたり、通訳・翻訳の仕事をしたり、英語関連の仕事もいくつもしてきました。

しかし、どれも「楽しい」と感じる仕事ではなかったのです。仕事のやりがいで悩んでいるときに、19歳で経験した初めてのアルバイトを思い出しました。私にとっての初めての仕事は、ケーキ屋でのホール担当でした。そのケーキ屋でアルバイトを始めた理由は、そこが私の一番のお気に入りのケーキ屋だったからです。そのケーキの美味しさは私を幸せにして、学校での勉強のモチベーションをあげて、ケーキひとつで当時の私の1日の感情は変わるほどでした。初めてのアルバイトは「できる」ではなく、「好き」という理由で選んだのです。毎日大好きなケーキに囲まれて楽しく働いていた感情を思い出し、一旦英語を使った仕事は辞めてみようと決意しました。

27歳の私は、「できること」ではなく、「好きなこと」を基準に、野球場でのアルバイトを始めました。すると、やっぱり楽しかったのです！ 職場に行くのが毎回ワクワクするほど！ それを体感して、自分の持っている能力を仕事で無理に使う必要はないと実感し、自分が心地よいと感じる基準で仕事を選ぶようになりました。

そうなると、やはりアメリカの大学に通った時間とお金と努力がもったいないと言う人もいるかもしれません。全くもったいないことはありません！ 経験は死ぬまで持ち続けることのできる財産ですし、留学先で新しい世界観に触れることによって、人生が変わりました。英語は海外旅行をさらに楽しめるツールですし、世界中の人とコミュニケーションがとれて人間関係を豊かにできる能力です。英語だけでなく、どんな能力も、仕事にわざわざ使う必要はありません。繰り返すようですが、私たちは仕事をするために生まれてきたのではありませんので、全てが仕事に結びつくような人生を生きなければいけない訳ではありません。

あなたがやりたいことをするために、あなたが今までかけてきた時間とお金と努力を「仕事にしないともったいない」と言う人がいるならば、それはその人の基準です。

あなたはその人の人生を生きているわけではないので、その人の基準に沿う必要はありません。私も初めは親がどう思うか気にしていましたが、英語を使う仕事をしなくても、結局は楽しく幸せそうに仕事をしている私を見て喜んでいるのです。

他に仕事関連の「もったいない」でいうと、生徒様からよくある相談は、「長年勤めてきた会社を辞めるのがもったいないから、辞めたいけど、なかなか辞められない」ということ。結論、私は辞めない方がもったいないと思います。

私の友人に、10年付き合っていた彼氏がいたのですが、結婚に悩んでいました。「彼と結婚したいと思わないけれど、結婚しないと10年間の意味がなくなるから。この10年間がもったいない」と言っていたんです。10年がもったいないからといって、気が進まない相手との結婚を、あなたは友人にすすめますか？　すすめませんよね！

会社も同じです。「何か違うな」と感じながら、残りの人生、その会社で働くこと、その相手と一緒に過ごすことの方がもったいないのです。

実際に、会社を辞めるのがもったいなく感じると相談をしてくださった生徒様たちに、10年以上働いてきた会社を辞めて、新しい仕事を楽しんでいたり、会社内での働き方を変えて、自分に合った心地よい勤務スタイルで過ごしています。

周りの「もったいないから続けた方がいいよ」「もったいないから辞めない方がいいよ」と言う声があっても、一番大事なのはあなたの心の声です。あなたの心の声は、周りには聞こえません。あなたがあなたの心の声にしっかり耳を傾けてあげましょう！

「地方」にいても都会以上の「やりがい」が手に入る

仕事に「やりがい」を感じる場面は人それぞれ違います。あなたはどんなときに「やりがい」を感じますか？

仕事を通して自己成長を感じられたとき、上司から仕事の成果を認められたとき、仕事内容相応のお給料をもらったとき、自分の特技が生かされたときなど、「やりがい」を感じる場面は様々です。このような「やりがい」を感じる条件は、会社の大きさは関係ありませんし、勤務先が都会であるか地方であるかも関係ありません。

以前、介護職をされている生徒様から、こんな相談をされました。

「今の仕事が体力的にきつくて辞めたいです。でも、やりがいを感じる仕事なので、辞めることに戸惑いがあります」

私はそこで彼女に、「どんなときにやりがいを感じますか？」と質問しました。彼女の答えは、「ありがとう」と言われることにやりがいを感じるとのことでした。

「ありがとう」と言われる仕事は、介護職以外にも山ほどあります。むしろ、仕事とは、誰かの役に立つことなので、「ありがとう」という言葉を耳にできる職がほとんどです。彼女が悩んでいる要素を解決するような、〝体力的にきつくなく、「ありがとう」を言われる職〟はたくさんありふれています。**一言で「やりがい」と言っても、やりがいを感じるポイントは人それぞれ違うので、何にやりがいを感じているか次第で、仕事の悩みの解決にも一歩近づくのです。**

先ほど紹介した「地元に住みたいけれど、地元にはやりたい仕事がなく、都会に住まなければやりたい仕事ができない」という悩みも、その仕事の何に魅力を感じていて、どういうことを求めているかを考えることが、解決のヒントになるかもしれません。その仕事でなくても、同じような魅力ややりがいを感じる仕事が地元にもある可能性もあります。

まず、あなた自身が仕事に対して何にやりがいを感じるのか、自己分析をしてみましょう。もちろん、人生の優先順位と同じく、そのときそのときの価値基準は違うので、今のあなたの価値基準で考えてみてください。

- 周りから評価されること
- 見合った報酬がもらえること
- 楽しいと感じること
- 人に感謝されること
- 役に立った、貢献したと感じること
- 自分の好きなことや得意なこと、経験が生かされること
- 仲間と一緒に仕事をすること
- 目標を持ち、それに向かって進んでいること
- 自己成長を感じること

この他にも、やりがいを感じる点はあると思いますが、この中であなたの心はどれにピンときましたか？

参考までに、私の場合、バーでの仕事のやりがいを感じるときは、
・お客様が「楽しい」と感じる時間を作れたとき
・お会計のときに「こんなに安くていいの？」と言われるほど、お値段以上の価値をお客様に感じてもらえたとき
・お客様に必要とされている場所だと感じるとき

セミナー講師としての仕事のやりがいを感じるときは、
・生徒様の人生が好転している姿がＳＮＳで見られたとき
・生徒様の収入アップ、日常でのミラクルなどの報告が直接あったとき
・お悩み相談後、生徒様の表情が明るくなったとき

そして、ふたつの仕事で共通しているやりがいは、自分がやりたいことをやっているだけなのに、「ありがとう」と感謝されることです。**やりたいことと求められてい**

ることが一致しているのが、私の中での一番の仕事のやりがいになっています。

これは、都会でないと感じられないやりがいではありません。都会にいても、地方にいても、場所にかかわらず感じられるやりがいです。むしろ私の場合は地方にいるからこそ成り立っている仕事内容なので、逆に都会にいたら感じられないやりがいです。

仕事内容は何であれ、地方の仕事は地域の人々との繋がりが強いので、直接お客様の「ありがとう」や喜びの言葉が届いてきやすい環境にあります。そして、地方にはその場所その場所で、特定のニーズが発生しています。そのニーズを満たす仕事をすることによって、自分自身が直接的に地域に影響を与えている感覚を得ることができるのです。

例えば、先日私のお店が読売新聞の地域欄で大きく特集されたのですが、その見出しは「広島でも『素の自分』を出せる」でした。これは、地元のプロ野球団のカープ以外のファンが、「他の球団が好き」と堂々と言えない環境下にあり、〝素の自分を出せる場所がない広島県民〟たちのニーズを満たしているということです。

こうやって、地域社会に直接影響を与えている感覚が得られるのは、地方ならではの都会以上の「やりがい」です。

逆に、都会の仕事にしかない魅力もたくさんあるのは事実です。私も東京に住んでいたので、それは体感してきたつもりです。しかし、同じように、地方にいても都会同等、もしくはそれ以上のやりがいを手に入れることは可能なのです。あなたが何にやりがいを感じるのか自己分析して、達成感や充実感が得られるワークスタイルを目指しましょう！

「地方」なら、方法次第で「ひとり勝ち」も可能

地方のメリットと都会のデメリットのお話をした中で、地方はライバルが少ないと言いましたが、ライバルが少ないどころか、方法次第で「ひとり勝ち」も可能です。

ここでは、ビジネスにおいて、地方で「ひとり勝ち」が可能になるポイントを3つシ

エアします！

①地方特有のニーズに応えることができている

地方でのニーズは、その地域の生活環境によって異なるので、地方によって売れるビジネスとそうでないビジネスが変わってきます。

その地域でのニーズに応える商品やサービスを開発し、今までになかった地方初のビジネスを始めると、たちまち一番を取ることができます。私のお店も以前「地域No.1野球専門スポーツバー」とインスタグラムのプロフィールに記載していましたが、それはその通りなのです。野球専門スポーツバーは、この地域に1軒しかないのですから(笑)！

もちろん、誰もやっていないビジネスを始めたからといって、ニーズが存在しないと売上は立ちません。ですからまずは、その地域の人たちが求めているものを調査してみましょう。意外と自分が求めているものが、地域の人が求めているものと一致するかもしれません！　実際に私も、自分が求めていたものを形にしたのが今のお店です。

あなたの地方に〝ありそうでないもの〟、これを実現させたら最強です！

②地元の人との繋がりを大事にしている

ニーズを先取りして、初めはひとり勝ちしていても、誰かが真似して同じビジネスを始めて、お客様を取られるのではないかという心配もするかもしれません。実はこれ、都会よりも地方の方が心配は不要です。

その理由はふたつ。まずひとつ目は、**地方という限られた地域で最初に始めると、すぐその話題が広がる**からです。なので、その地域では○○を最初に始めたのはあのお店、もしくはあの人、という認識が定着し、その認識はずっと残り続けます。

そしてふたつ目は、**地域の人との繋がりを大事にしていると、お客様たちはあなたについていきます**。全く同じ商品やサービスを他の人が提供していても、「あなたから買いたい」と地域の人は思うのです。

実際に、私と同じようなバーをやろうと考えている経営者がいるとの噂を聞いたときも、そして現に徒歩10秒ほどの超近所で野球系のバーが開かれたときも、私に不利益が出るというような心配は全くありませんでした。その理由は、まさにこのふたつ。私のお店が第一号という認識が地域にあり、私の店がお客様たちとの繋がりを大事にしているからです。

もちろん、一番最初に始めたからといって、必ずしも「ひとり勝ち」できるわけではありません。その人の仕事への熱意とそれに伴う行動が不可欠です。地方では人との繋がりや、コミュニティとの結びつきが強いので、地元の人たちに気に入られたら、リアルな口コミで瞬く間に評判が広がっていきます。

もちろん実力も伴わなければならないですが、人口が少ない分、ネット上でも好評を広げやすいのです。マッサージサロンオーナーの知人は、ネットの口コミ高評価で広島市中区の1位を獲得しています。「日本一美味しいクロワッサン」よりも「〇〇町で一番美味しいクロワッサン」と名乗る方が現実味があり、その言葉に信頼性が増すのと同じように、**「地域で1位」というラベルは、地域の人への信頼性が強いのです。**

競合相手が出てきたとしても、「〇〇（地域名）で〇〇（商品・サービス名）といえば、この人！（例：広島で起業塾といえば、この人！）」と認識されるように、地元の人たちとの関係を大事にしていきましょう。

③掛け算をしてあなただけのビジネスを創り出している

もし、あなたのやりたいビジネスが、既に他の誰かが始めていて、市場を持っていかれている場合でも大丈夫！　その場合は既存のビジネスにもう1、2個スパイスをトッピングするだけで、あなただけの唯一無二のビジネスができあがります。

まずはあなたの好きなこと、楽しいと思うこと、得意なこと、周りから褒められること、経験してきたことを、できるだけ書き出してみてください。その書き出した中から、あなたのやりたいビジネスにトッピングをしてみましょう！

私の生徒様は、ダンス教室というビジネスに大好きな「K‐POP」と「子ども」という要素をトッピングして、K‐POPに特化したキッズダンス教室をゼロから始めました。今や地方で大人気の講師になり、600人規模の大ホールで、彼女の生徒様だけで発表会を開催したほどです。**あなただけの市場を作り、独占しやすいのが都会よりも地方なのです！**

ここでは、分かりやすく「ひとり勝ち」という単語を使いましたが、ビジネスに勝ち負けは私の中でありません。数字という目安は存在しますが、私にとってはその人それぞれが仕事を通して人生が満たされているかどうかが大事なので、数字が大きい方が勝ちなどの認識はありません。

ただ、この「ひとり勝ち」をすることで、収入が増えるだけでなく、地域の人たちから必要とされているというやりがいを非常に大きく感じることができるのは事実です。この、地方ならではの「ひとり勝ち」しやすい利点を活用して、お金と心の満足度を上げていきましょう！

お金はエネルギー

私は32歳まですっと「お金がない」「お金が欲しい」と言い続けてきた人生でした。

そんな私が、こうやってお金について書くまでになった一番の思考の変化は、「**お金はエネルギー**」であることを理解したことです。

「お金はエネルギー」というフレーズを初めて聞いた方は、私の言っている意味が分からないと思います。でも、安心してください、私も長年意味が分かりませんでした。

私は本当にお金に困っている人生を送っていたので、お金に関する本は20代の頃から読みあさっていました。そして実は、どの本にも「お金はエネルギー」と書いてあ

エネルギーの循環

あなたの器の大きさ分のエネルギーだけ受け取れる

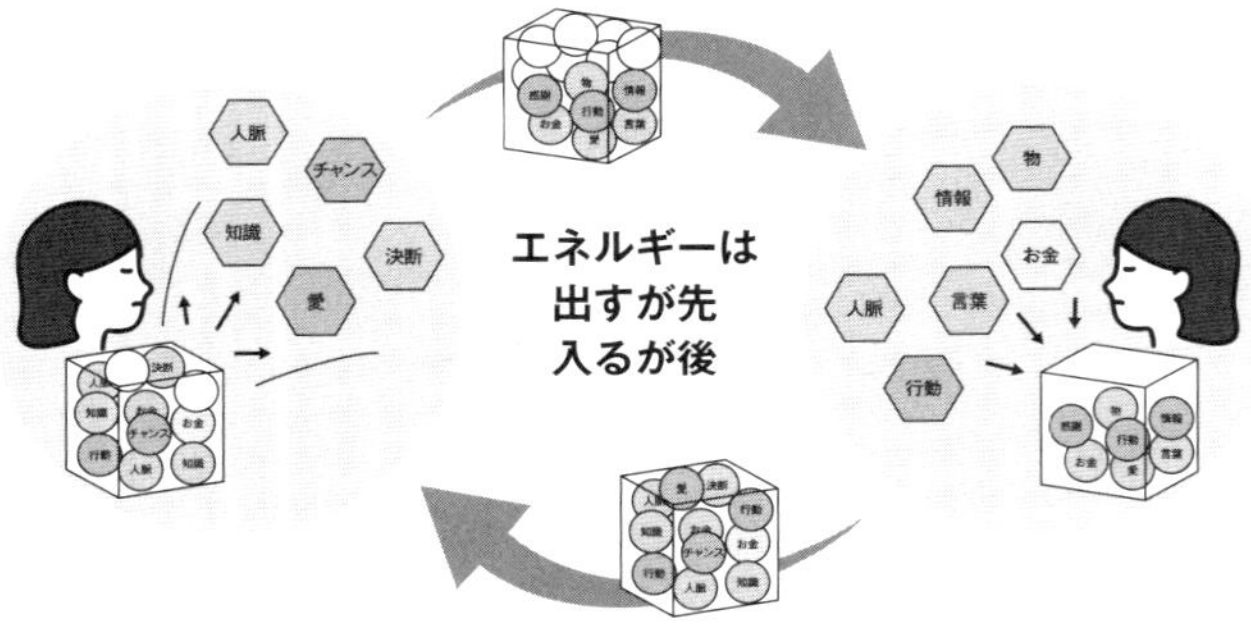

ったのです。それほど大事なポイントだったのですが、私には理解できず、難しいので、サッと読み流していました。おそらくこれが、いくら本を読んでも私のお金の流れが変わらなかった原因です。

今、理解をしているからこそ言えるのですが、「お金はエネルギー」であることは、体感しながら理解していくものだと思います。それでも、少しでもみなさんに理解していただくために、「昔の私にこう説明したら分かりやすいかな」と思う図を作りました。

この世の全てが素粒子の集合体のエネルギー物質だということは先にお話ししました。目に見えるものも、目に見えないものも全てがエネルギー物質です。ペンもエネルギー、情報もエネルギー、感謝の気持ちもエネルギー、お金もエネルギー、行動もエネルギー、全てがエネルギーです！　お金はその全てのエネルギーの中のたったひとつのエネルギーに過ぎません。

覚えていますか？　**私たちはそれぞれ抱えられるエネルギーの量が決まっています。エネルギーは、「出すから入る」という順番です。**「入ってきたら出すんだけどなぁ」ではなく、出さないと入らないのです。

出すエネルギーは何でもいいのです。物でもいいですし、知識でもいいですし、思いやりの行動でもいいですし、お金でもいいのです。そうすると、出した分のエネルギーが自分の元に返ってきます。ただ、この返ってくるエネルギーも、決まった形では返ってきません。人脈で返ってきたり、チャンスで返ってきたり、愛で返ってきたり、いろんな形でエネルギーが自分の元に返ってきます。そのエネルギーのうちのひとつが、「お金」なのです。

私がそれを理解していないときは、「それは違う、働いた分だけもらえるのがお金だし」と思っていました。私は働いた時間分のお金しかもらった経験がなかったので、私その思い込みが定着しており、それが自分の中での常識に勝手になっていたのです。

もしかして、あなたもそう思い込んでいませんか？　その思い込みこそが、お金があなたに舞い込んでこない原因のひとつです。思い出してください。人生は「思い通り」になってしまうのです！

お金は働いた分だけ入ってくるものではなく、出したエネルギー分の一部として返ってくるものです。私のお金の講座受講後、その思い込みを外した生徒様たちからは「臨時収入がありました！」というお声がたくさん入ってきます。

お金が大量に入ってくる人は、エネルギーを大量に出している人です。しかし、抱えられるエネルギーの器の大きさは、人それぞれ違います。なので、その器が大きければ大きいほどエネルギーをドバドバ出すことができるので、返ってくるエネルギーもドバドバ流れ込んできます。

ならば、器を大きくしたいですよね！　**大きくするためには、エネルギーの循環を滞らせないことがコツ！**　筋肉と同じで使わなければ小さくなってしまい、いつもより使えば大きくなるように、エネルギーを循環させ続け、そしていつもより大きいエネルギーを出していくと、器が徐々に大きくなっていきます。

「エネルギーを出す」と聞くと、「たくさん頑張らないといけないのか」というイメージがあるかもしれません。しかし、全てがエネルギーなので、好きなことに対して出すのもエネルギー！　むしろ先ほども言ったように、好きなことに夢中になっているほど生産性がいい、つまり、エネルギーを効率よくドバドバ出している状態なのです。エネルギーを出すことは、頑張ることではなく、楽しむことでいいんです。

そして次は、入ってくるエネルギーに敏感になってください。私たちは、お金や物など目に見えるエネルギーは逃しませんが、情報やチャンスなど目に見えないエネルギーは取りこぼしがちです。**周りからの感謝の気持ちや褒め言葉のエネルギーも、跳ね返さずにきちんと受け取ってください。**目に見えないエネルギーも取りこぼさず受け取るからこそ、エネルギーの器は、鍛えられている筋肉のように大きくなっていきます。

そして、お金持ちは、私たちが取り扱えないレベルの試練を乗り越え続けています。試練自体もエネルギーなので、あなたの人生にその試練が入ってきたら、それはあなたが取り扱える範囲ということ。乗り越えられない試練はやってこないのです。試練を乗り越える時は莫大なエネルギーを使います。試練がきたら、エネルギーの器を大きくするボーナスチャンスだと思って突破してください！

雇われ？　起業？　複業？　自分に合ったものを

勘違いされやすいのですが、私は起業をおすすめしている訳ではありません。私がおすすめしているのは、あなたに合う働き方です。アルバイト、会社員、フリーランス、経営者など、世の中には様々な働き方があり、今は副業ならぬ、複数仕事をする複業が当たり前の時代にもなりました。その中で、私は起業という形で、事業を複数する働き方がたまたま合っているだけです。どの働き方がベストとか、この働き方をすれば幸せになる、などもありません。

働き方には、雇われる働き方、雇われない働き方の2種類あります。

基本、雇われる働き方は、働いた時間がお金になる稼ぎ方で、雇われない働き方は、働いた時間に左右されない稼ぎ方です。私は働き方迷子だったおかげで、人生でこれまで30以上の仕事を経験し、従業員、自営業、経営、投資、全ての分野から稼ぐことを実際に体感しました。

そしてそこで身をもって理解したことは、**必ずしも「起業をすると稼げる」「自由になると幸せ」ではない**ということです。人によっては、従業員である方が幸せで充実した人生が送れて、経営者になると不安に縛られ続ける人生を送る可能性もあるのです。

起業に憧れている人は、自由とお金を望んでいる人が多いと思います。私も自由に働きたい、もっと稼ぎたい、そんな気持ちを持って起業しましたから。確かに、起業をすると自分でやりたいことをできる自由が手に入ります。

しかし、裏を返せば、全て自分で何をどのようにいつまでするか考えて、全て自主的に行動を起こさなければなりません。しかも誰も正解を教えてくれません。起業すると、**上手くいくかどうか保証がない中、全て自分で決める自由と向き合う覚悟と責任が必要なのです。**「自由＝幸せ」の方程式は全員に成り立たないのです。

一方、雇われて働いている人は、自分が何をすればいいか誰かから教えてもらえます。そして、休みは法律上必ずもらえますし、たとえ結果が出なくても働けばお給料はもらえます。コロナ禍でお店の売上がなく、経営者の私の収入がゼロでも、従業員にはお給料をもちろん払っていました。

戦略的思考力、決断力、プレッシャー、不確実な未来への不安など、消費する思考エネルギーは、従業員は経営者よりも圧倒的に少なくすむのです。従業員の場合、自分のモチベーションが上がらなくても、会社は稼働し続けるので、自分の生活に何の影響も与えません。

しかし、起業している人は自分のモチベーションが下がり行動が止まれば、ビジネスの成長も収入もそこでストップし、自身の生活にも大きな影響が出てきます。

そんなデメリットもある中、私が起業を選択したのは、それ相応のメリットもあるからです。**何事もリスクとリターンは、それぞれほぼ同じ大きさのセット。理想のライフスタイルを実現するというリターンを求めて、同じ大きさのリスクをとりました。**

雇われる働き方は、労働時間がお金の対価なので収入の限度がありますし、自由な時間も限られてきます。片や、雇われない働き方をすると1日に１００万円稼ぐことだって可能ですし、１ヶ月休むことも可能です。

私は、好きなことを仕事にして、時間とお金の豊かなライフスタイルを叶えるためなら、「どんな壁がきても乗り越える！」という覚悟で起業しました。それほど本気だったからこそ、どんな状況でも楽しめる力がついていました。

なので結局、どんなリスクがあっても楽しく働きながら、理想のライフスタイルを叶えることができています。起業に向いている人は、何があっても自分の欲しい未来を手に入れることを諦めない強い気持ちを持っている人だと私は思います。

ちなみに、女性が憧れるような華やかなライフスタイルをＳＮＳで投稿している人は、起業家というイメージがありますが、起業しなくても華やかなライフスタイルを送ることは可能です。私の友人で週末シンデレラというコンセプトでワークライフスタイルを楽しんでいる長野県在住の女性がいます。

平日は工場で作業着を着て働き、週末はロココ調のお部屋でドレスアップをしたり、ちょっと遠出をして高級ホテルのアフタヌーンティーを楽しんでいます。そのオンオフのギャップを、人生を楽しむ要素のひとつにするのもありですよね！

私の周りには、彼女のように平日会社で働き、週末は趣味を存分に楽しんでいる人もいれば、週末は好きなことで副業として起業している人もいます。趣味をそのまま仕事にして、動画にアップして生計を立てているYouTuberもいます。店舗を複数持ち、自分は現場には出ずに従業員に任せている間に、人脈作りのために飲み歩いている経営者もいます。普段はお家で株価チャートとずっとにらめっこして、連休は家族と海外旅行に行く投資家もいます。幸せになる働き方のルールはありません。あなたの理想のライフスタイルを叶えるための、あなたに合った働き方を選びましょう！

仕事は人生を楽しむためのツール！

あなたにとって、仕事とはどんなものですか？

お金を稼ぐ手段、しなければならないもの、自分を成長させてくれるもの、心身ともに疲れるもの、新しい経験をさせてくれるもの……、どれも正解です。なぜなら、これまでお話ししてきたように、人生はあなたの思った通り、つまり「思い通り」になるので、あなたにとっての仕事も思った通りになるからです。

私がフリーター時代、年商億単位の社長との会話の中で、私が「通訳の仕事はもうしないと決めました。英語は話せるけど、通訳という作業はストレスなんで」と言いました。それに対する回答が今でも忘れられません。

「仕事というものは、ストレスが溜まるものなんだよ。それが普通だよ」

私は当時から、「人生の時間＝寿命」だということは把握していたので、「人生の大半をストレスの溜まるもので絶対に埋めたくない」と思いましたし、仕事はそんなものではないと信じていました。

そもそも**仕事とは、誰かの悩みやニーズを解決するもの**です。そしてその感謝の意思表示がお値段です。仕事上でのお金は「ありがとう」との等価交換なのです。

例えば、体調不良になったとき、私は自分で薬を処方することができません。ですから医者に診てもらって、薬剤師に薬を出してもらいます。するとそこには「ありがとう」の気持ちが発生します。

お好み焼きを食べたいと思ったときも、自分で作る手間、片付ける手間を省いてくれるのがお好み焼き屋です。ここでも「ありがとう」の気持ちが発生します。

仕事とは、自分にできないことを他人に助けてもらったり、自分がするはずだった手間を省いてくれるものです。仕事は、お客様に直接的に関われていなくても、間接的に必ず誰かの「ありがとう」に繋がっています。**仕事とは、何かしらの形で他人の人生にお役に立てる素敵なことなのです！**

と言う私も、仕事に対してはもともとネガティブな印象を持っていました。子どもの頃から周りの大人たちは、嫌々ながら仕事をしている印象でしたから。私が「早く大人になりたい！」と言うと、「子どものままの方がいいよ。大人になったら仕事しなくちゃいけないから」という大人の返答がほとんどでした。なので、「お金は大変な思いをして稼ぐもの」というイメージを持って大人になりました。

しかし、大人になって出会う人の働き方を見ていると、楽しく働きながら年収1000万円稼いでいる人、ストレスを抱えて頑張って働いているけれど年収240万円の人もいるわけです。私も低収入でしたので、「あの人は楽しく、しかもたくさん稼いでいてずるい……！」と羨んでは「私はこんなに頑張ってるのに、世の中不平等！」

と怒りを覚えたこともありました。

でも、この世の中は、自分の心がワクワクする方向に進めばいいことがあり、苦しい、大変と思う方向に進めばただ辛いだけという仕組みになっています。思い込み通り、わざわざ私は大変な思いをする仕事を選んでいたのです。**あなたが稼いでいるお金も、「辛い」「大変」「我慢」との交換になっていませんか？** 仕事上で得るお金は、本来はそのようなネガティブなものではありません。誰かを喜ばせて、「ありがとう」という感情を発生させた分がお給料なのです。

その仕事を、自分が大変だと思う内容にするか、楽しくて自分が簡単にできる内容にするか、選ぶのはあなた自身です。

では、先ほど聞いた質問の聞き方を変えます。あなたにとって、仕事はどんなものであってほしいですか？

私にとっての仕事とは、人間関係も、お金も、心も、経験も、時間も、人生の全てを豊かにしてくれるツール、そう思っています。 そして今、本当にその通りになっています。人生を楽しむためのツールだと思っているからこそ、仕事をしていて違和感を感じる要素があると、バサっと手放すことができ、本当に楽しい要素だけが残るのです。逆に、先ほどの社長のように「ストレスが溜まるもの」と思えば、ストレスが溜まる働き方をし続けることになります。

以前、仕事に対してネガティブな感情を持っていた頃は、不労所得に憧れていました。働かずにお金が手に入るのは、「最高の人生」だと思っていました。実は、この憧れていた不労所得を、3年間で合計約800万円を得る経験をしました。この経験を経て、意外なことが分かったのです。私にとっては、不労所得で得るお金よりも、働いて得たお金の方が断然好き！　たくさんの「ありがとう」のエネルギーが乗ったお金、お客様の喜びの感情が乗ったお金。同じお金なのに、手にしたときの感覚が全く違うのです。そして、やはり働くからこそ、人生がお金以外の部分でも全体的に豊かになるということを、身をもって知ることができました。

不労所得は、私にとっては「最高の人生」とは程遠い稼ぎ方でした。お金があっても虚無感に陥ることによって、お金は人生の豊かさのほんの一部に過ぎないことを痛感できました。私にとって仕事とは、お金以外の部分の人生も豊かにしてくれる最高のツールなのです。

COLUMN
2

「地方」だからこそ丁寧な美容ケアが受けられる

地方の美容サロンは、人口に比例して都会より顧客数が少ないのが一般的なので、一人ひとりに合う、より丁寧な個別対応が可能になります。「都会の方がサービスのレベルが高い」というイメージがあるかもしれませんが、そうでもありません。人口の割合で、レベルの高いサービスを提供できるサロンの数は都会の方が多いかもしれませんが、地方でもクオリティの高い技術を持った人たちは多くいます。地元で長年にわたって技術を磨いてきた人たち、都会で経験を積んで地元に戻ってきた人たち、研修に都会まで通ってハイレベルなスキルを得た人たち、そんな人たちが地方にも存在するわけです。

先ほどお伝えしたように、地方は比較的予約も取りやすいので、定期的な美容ケアを日時が原因で諦めたり、先送りにすることもほとんどありません。あなたの美の状態を把握しているいつものサロンやスタッフの予約を取ることで、マニュアル通りでなく、あなたに合うピッタリの施術を効率よくスムーズに受けることができます。

そして、何度も同じスタッフと会話をすることで、信頼関係を築くことができ、希望もより言いやすくなったり、悩みも相談しやすくなります。同じように、スタッフもあなたにとって的確で新しいアドバイスを提案しやすくなり、結果的にあなたの理想の美により近づくことができるのです。

このように慣れ親しんだスタッフから施術を受けている時間は、リラックスした状態でいられるため、美容ケアの時間をノーストレスで楽しむことができます。この楽しい時間は、幸せホルモンが分泌されるため、心身ともに健康的な輝きをあなたに与え、美容の相乗効果にもなっているのです。

地方で丁寧な美容ケアが受けられる要因は、そのようなサロンの特徴だけではありません。地方在住という環境自体が、美容ケアの一環です。

地方の新鮮な空気は、有害な物質が体に付着することが少ないので、美肌の維持に繋がります。さらに、都会と比べて、交通の騒音や人の声などの環境音がはるかに少なく、公共交通機関や街中の混雑も都会ほどありませんので、精神的な疲労感が少ないのです。このような安定した精神状態は、外見の美しさに直結します。

地方に住むということは、美しさを外側から効率的に足してくれて、内側からの自然な美しさを引き出してくれる、美容ケアには最適な環境なのです。

第4章

成功している「美人」の環境とは

同じ振動数（周波数）の人が引き合う

あなたは、どんな人に囲まれた人生を送りたいですか？　優しい人、笑顔の多い人、人生を楽しんでいる人、考え方が前向きな人……。

では、こんな人たちと引き合うためには、どうすればいいと思いますか？　そのためには、そういった周波数同士の人が「引き合う」ことが大事だと私は考えています。

「引き寄せの法則」という言葉がありますが、この同じ周波数の人たちが「引き合う」ということは、この「引き寄せ」というよりも、第2章でも説明したように、脳科学の面から言うと、見えなかったものが「見えてくる」、量子力学の面からいうと「引き合う」という説明がぴったりくるでしょうか。

つまり自分から出ている周波数と同じ周波数の物や出来事が共鳴して引き合うことは、人間同士でも同じことが言えるということです。実際に、「波長が合う」という日本語があるぐらいですもんね！

この同じ周波数を出している人が引き合う原理を理解していると、自分の好きな人

だけに囲まれた人生を送ることも可能なのです。そうなると、人生の三大悩み、「健康」「お金」「人間関係」のうちのひとつである「人間関係の悩み」が嘘のようにサラッと消えて、人生がだいぶ楽になるだけでなく、やりたいことが叶う人脈も手に入れることができます。

そのためには、そうです、まずはあなたが、その要素を持つ人になることなのです。周りの人は、あなたの心の鏡です。あなたが周波数を発するリモコンなので、ポジティブな人に囲まれたければ、あなたからポジティブな波動を出しましょう！

ポジティブな周波数を出すには、自分自身を大切にすること、前向きな言葉を意識して使うこと、ポジティブな情報に触れること、感謝の気持ちを持つことなど、方法はたくさんあります。

その中で私のおすすめは、いつでもどこでもできる、口角を上げることです。作り笑顔でも、脳は本当に今が楽しくて幸せと錯覚し、幸せホルモンとも呼ばれるセロトニンが分泌されます。ポジティブな出来事が起こるから笑顔になるのではなく、笑うからポジティブな出来事やポジティブな人が引き寄せられるのです。

そして、両腕を肩より上に上げて伸ばす動作も同じようにおすすめです。嬉しいときに「やったー！」と両腕を上げるイメージです。このポーズで「人生最悪！」と口にしても、そんな気分にはならないはずです。私はプチ予祝で、１日の始まりに「今日も最高の１日だった！　みんなありがとう！」と両腕を上げて、笑顔を作り、感謝の気持ちの周波数を出しています。こうすることで、ポジティブな周波数を放つ人たちと出来事がたくさん引き寄せられる１日をスタートさせているのです。

自分がポジティブな波動を出していても、苦手な人が自分の人生の中から出ていかない場合があります。その場合、まずはその人から離れる工夫をしてみてください。**人間関係は選べます**。その人をあなたの世界に入れる選択をしているのは、あなたです。あなたが好きな人だけを、あなたの世界に入れてください。それでも離れていかない場合は、実はその原因が、あなた自身にもその苦手な人と同じ要素があることが考えられます。

その人の行動心理を考えてみてください。例えば、私が会社員をしている頃、理不尽なことで人前で怒る社長のことが嫌いでしたし、常連様の中でも、すぐ自分中心の話題に持っていくお客様や、偉そうに振る舞うお客様たちが苦手でした。しかし、私は理不尽なことで他人を怒らないし、自分の話に持っていかないし、偉そうにも振る舞っていませんでした。**実は、表面的な行動ではなく、彼らの内面からの周波数がポイントなのです。**

では、なぜ社長は理不尽なことで、人前で怒ることを頻繁にするのか？　それは、本当は自分に自信がなく弱いため、外側だけでも強く見せようとしているから。

なぜあのお客様はすぐ自分の話に持っていくのか？　なぜ偉そうに振る舞うのか？　それは自分という存在を認めてほしいから。自分で自分を認めることができないから、他人に認めてほしい欲求があるからです。

「見せかけだけの自信」「周りから認めてほしい欲求」これは当時の私が持っている要素でした。私はその頃、肩書きコレクターになっており、肩書きという外的要素で自信を取り繕い、私という本体には自信がありませんでした。私自身が自分に対して認めていたのは、自分自身ではなく、その肩書きだけ。そのままの自分に自信がなく、認めてあげられなかった部分が、その苦手な人たちと引き合っていたのです。

外的要素に頼らず、内側からのしっかりとした自信を持てるようになった頃は、周りにそのような人たちはいなくなっていました。自分が変われば、そういった人が自分の元から自然と離れていくか、その人も変わっていきます。いずれにせよ人間関係の世界は変わります。**苦手な人の登場は「今のあなた自身にもこんな要素があるよ」と教えてくれる存在なのです。**

自分の世界が好きな人だけで溢れると、毎日が明るくなり、仕事もプライベートも活力が上がり、いろんな方面で人生にプラスの影響を与えてくれます。このように自分で自分の世界を守り、理想の人間関係を築いていきましょう。

自分で環境を整える

私たちは良くも悪くも周りの環境に影響された人間になります。あなたの考え方、性格、年収、習慣、仕草、口癖、趣味など、**あなた自身はよく一緒に時間を過ごす周りの5人の平均だと言われています。**

私は複数の都市に住んだ経験があるので、実際にそれを体感してきました。アメリカに住んでいた頃は、周りの人たちは自己肯定感の高い人たちが多かったです。お互いの個性をそのまま出し、お互いのいいところを褒め合い、ありのままの自分を愛する人たち。その環境のおかげで、私もアメリカでは自己肯定感が爆上がりしました。

沖縄に住んでいた時代は、のんびりとした時間感覚の〝うちなータイム〟に馴染み、時間にルーズになり、東京に住んでいた時代は、分単位で時間を気にするようになりました。

もちろん住む場所を変えなくても、ひとつの街の中だけでも環境を変えることはできます。あなたの地域内でも、綺麗になりたければ綺麗な人と時間を共有し、経営者になりたかったら経営者と時間を共有してください。

私は6年前、ミセス広島グランプリというビューティーコンテストにエントリーしました。その年のミセス広島グランプリ大会は、ミス・ユニバース・ジャパン広島大会と合同開催でしたので、出場する私たちファイナリスト（＝最終選考）は、コンテスト開催の4ヶ月間で行われるミス・ユニバース・ジャパンが開催するビューティーキャンプ（＝最終大会に向けてのさまざまなレッスン）にも参加していました。ミス・ユニバース・ジャパン広島大会のファイナリストの方が参加者の年齢が低いので、若く美しい女性たちが周りにたくさんいる環境での4ヶ月でした。

ビューティーキャンプでのランチタイムは、周りを見ると自身でヘルシーなお弁当を用意してきている人がほとんどで、それ以外の人たちはコンビニです。私もコンビニにお昼ご飯を調達しに行ったのですが、彼女たちの買うものを見ると、サラダなど、太りにくく美容に気を遣った食べ物だったのです。私はそこで、本来食べたかったチキン南蛮弁当を選ぶことができたと思いますか（笑）？　そんな環境にいたらできません！　同じくサラダや良質なタンパク質が摂れる食品を選び、それが習慣になりました。

ビューティーキャンプ中は、周りを見渡すと、みんな背筋を伸ばして、にこやかな表情で講師の話を聞いていました。自然と私も背筋がピンっとなり、口角も上がりました。ファイナリストたちとの会話の内容も、常にオススメのサロンや体型維持の話、美容にまつわる情報ばかり。綺麗な女性たちに囲まれたこの4ヶ月の環境で、私は姿勢と表情の意識が変わり、食べる物も変わり、美容に関する知識や情報も増え、私の外見も周りから褒められるほど変わっていったのです。

私のように大会に出場せずとも、あなたの周りの綺麗な人と時間を共有するだけで、意識が変わり、行動が変わり、みるみる外見も変わっていきます。実際に、あなたが綺麗だと思っている女性との約束がある日は、いつにも増してオシャレやメイクに気を遣ってしまう……、そんな心当たりがある人は多いのではないでしょうか。

たまに生徒様から「周りに理想の要素を持っている人が全くいません」と相談されることがあります。実際に私も、「経営者になりたいけれど、周りに経営者なんていない」という状況だったので、その状況はよく分かります。しかし、**環境は待っていても、自分の都合のいいように変わってくれません。**

環境は自分で整えていくしかないのです。

私は、経営者が受講生として集まりそうなセミナーに行き、そこで繋がりを作っていきました。そして、「誰か知り合いでスポーツバーやっている人がいたら紹介してほしい！」と、自分のやりたいことと、出会いたい人を周りに話し、紹介してもらっていました。そして、オーナー自らがお店に立っているバーに自分で足を運び、そのオーナーに創業までの経緯など、直接話を聞きに行っていました。

今まで過ごしていた友人たちとの時間を手放して、経営者たちとの時間で埋めていくうちに、「私も簡単に経営者になれる」という感覚になっていきました。周りに経営者が一人もいなかったからこそ、「経営者になれる人は特別な人で、ごく一部の人……」、経営者になるのは難しい」という感覚でした。しかし、周りに経営者がたくさんいることによって、経営者であることは特別なことではなく、普通になったのです。

そして、**自分がなりたい姿や、自分がやりたいことを既に叶えている人たちが周りにいることによって、そこまで辿り着く方法や考え方を直接教えてもらうことができます。**私も経営なんて初めてすることなので、何から始めていいのか全く分かりませんでした。しかし、周りに既にそのスタートを経験した人がいることによって、ゴールまでの道筋が見えてきたのです。

周りの〝普通〟があなたの〝普通〟になります。あなたが理想の働き方、理想のライフスタイルを叶えたとき、何が〝普通〟なのか？　値段を気にせずにお買い物をするのが普通、自分が休みを取りたいときに取れるのが普通、英語を当たり前に話しているのが普通、理想が叶ったときの状況をイメージしてください。**あなたが叶えたい**

ことを、〝普通〟にやっている人たちの中へ飛び込みましょう！ 環境は、あなたが動いてこそ変わっていきます。

美人の秘密は「内面が9割」！

私はこれまでに、ミスコンのファイナリストたちの指導をしたり、自分自身もミスコンに参加するなど、数多くの美しい人たちに囲まれる環境で過ごす機会が何度もありました。その経験から自信を持って確実に言えることは、**美しさとは生まれつき決まっている先天的なものではなく、自分で身につけていく後天的なものだということです。**

その人の外見の美しさも、結局は内面で決まることを断言します。もちろんミスコン界隈に限らず、美しい人には大きく3つの共通点があります。

①好きなことをしている

単純に考えてください。全く同じ外見の女性で、好きなことを楽しみながら生きている女性と、嫌なことを我慢しながら生きている女性を思い浮かべたときに、どちらが魅力的に見えると思いますか？　なんのひねりもなければ、前者ですよね！　すごくシンプルな事実なのですが、「好きなことをすること」と「美」が大きく関連していることに気付いていない人が多いのです。

好きなことをしているときは、心が満たされ、充実感を抱き、笑顔でいる時間が自然と増えますよね。好きなことの分野によっては、癒された気持ちになり、ストレスをやわらげるので、それが普段からの優しい表情にも繋がります。好きなことをしていくことで、生き生きとした明るいオーラが出つつ、心の穏やかさも外見に反映されて、その人の魅力がさらに増していくのです。

②我慢をしていない

「一番の美の秘訣は何ですか？」と聞かれることがよくあります。質問者さんたちは、睡眠を十分に取る、抗酸化作用のあるものを食べる、適度な運動をする、などテクニックの部分の回答をいつも期待しているようです。

しかし、私の一番の美の秘訣は、「好きなことをする、嫌なことは我慢しない」で、本当に内面的なことについて決まって回答しています。

美しい人は、好きなことをしていると同時に、自分の心が不快に感じる嫌なことはしません。我慢をしているときはストレスを感じている状態なので、ホルモンバランスや自律神経が乱れ、血流が悪くなり顔がどんよりし、肌荒れが発生するなど、実際に外見に表れてしまいます。それが長期化すると、心労がたまり、無気力さも溢れ出てしまうので、美しさとはかけ離れてしまう見た目になってしまうのです。

そして、恐ろしいことに**今の心情が未来の顔をも作ってしまいます。**イライラ、不安、焦り、不満など、ストレスを抱えた状態でいると、眉間にしわが寄って、口角が下がってしまいます。その形状があなたの顔に年々刻みこまれ、そのストレスを感じている顔があなたのデフォルトになってしまうのです。輝く目、輝く肌、輝く表情をあなたの顔の基本設定にしたければ、あなたが不快に感じることを少しずつでもいいのでやめていき、好きなことを積極的にしていきましょう！

③周囲に感謝の気持ちを持っている

アメリカの大学に在学中に参加したホームカミング・クイーンコンテスト（日本で

いうミス・キャンパス）が、私にとって初めてのビューティーコンテストでした。私はその大学の100年の歴史で初めて、留学生としてホームカミング・プリンセス（2位）の称号を得ることができました。

当時のFacebookは、自分のページのトップに「(自分の名前) is…ing.」と、今何をしているかという進行形を記入する形だったのです。そこで私は、英語で「ホームカミング・プリンセスに選ばれたよ！　めっちゃハッピー！」と喜びを投稿しました。1位のホームカミング・クイーンになった彼女は、どんなことを書いているんだろうと気になり、彼女のページに行くと、私はとても恥ずかしい気持ちになりました。彼女のページのトップにはこのような言葉が記入されていました。

「これまで私を応援してくれた皆様と支えてくれた皆様への感謝の気持ちで溢れています」

自分自身が1位に選ばれたことには、一切触れていませんでした。内面の差を痛感させられた出来事でした。トップを獲った興奮があっただろうに、冷静に感謝する様子から、彼女は普段からも感謝の気持ちを持って周りに接している習慣があることが感じられました。

感謝の気持ちを持っている人は、目の前の物事や人間関係を当たり前と捉えず、ありがたみを感じていて、心が豊かな状態であります。その幸福感が、外見の美しさを引き立ててくれるのです。日常の小さな幸せを見逃さず、丁寧に感謝の気持ちを物事にも人間関係に対しても持つ習慣をつけましょう。そして、感謝をしっかりと言葉や行動で表現していきましょう！

美人の秘密は、都会でしか受けられない特別な美容の施術でも、高額な美容法でもないんです。都会にいても、地方にいても、内面の美しさが外見の美しさを生み出します。

最後に、ココ・シャネルの私の好きな名言をここに記します。

「20歳の顔は、自然が与えたもの。でも、50歳の顔は、あなたの功績」

不快領域に飛び込んでいこう

環境を変えていこうと思っても、憧れの要素を持つ人たちの輪の中に飛び込むのは、やはり緊張しますすし、居心地が悪いと感じてしまいますよね。それは、当然です。私たちはいつもの環境に心地よさを感じるので、いつもと違う環境に飛び込んだときに不快感を抱いてしまうものです。

馴染みのあるストレスのない環境や精神状態のことをコンフォートゾーン（快適領域）と言います。脳は無意識に楽な方を選択するので、何も考えずに過ごしていると、常にコンフォートゾーンの中で生活をしている状態になります。しかし、**コンフォートゾーンで過ごし続けている限り、あなたの人生は変わりません。**「周りの5人の平均が自分」でしたよね。今の環境だから今の自分なのです。今と違う自分になりたければ、このコンフォートゾーンから抜け出さなければなりません。

コンフォートゾーンに留まってしまう原因は、第2章でお話ししたホメオスタシスという身体的にも精神的にも、私たちを一定に保つ機能の存在です。

脳はある一定の範囲内でいるように働いています。いつもと同じ思考で、いつもと同じ行動で、いつもと同じ場所に行って、いつもと同じ人たちと時間共有をして……、そういういつもの一定の範囲内の領域が脳は快適なのです。その範囲外のことをしようとすると、私たちは怖さを感じてしまいます。

つまり、自分自身が何か変化を起こそうと思ったときに、ホメオスタシスと戦わなくてはいけません。あなたが安心できる領域内では、あなたの人生に変化はないですから。心地よい状態を保ちつつ、大きく収入が変わったり、人生に望んでいた確変が起こるなんてことは、残念ながらありません。

不快領域に一歩を踏み入れる怖さを、少しでも軽減する対策が「妄想」です！

「理想を自動的にスルッと叶える方法」の項目でお伝えしたように、脳は目の前の現実と妄想の区別がつかず、より臨場感のある方を現実とみなします。脳が「理想としている世界（妄想）が現実」というふうに認識すれば、「理想としている世界」がコンフォートゾーンになるのです。コンフォートゾーン内は快適な範囲なので、行動しやすくなります。全く怖さがなくなるわけではありませんが、激減します。

私の具体的な例で言うと、30歳の頃は「時給で生活するアルバイト」がリアルな目の前の現実です。しかし私は理想の世界をありありと妄想していたので、脳内は「経営者」でした。この素敵な勘違いをするのがポイントです！

30歳のアルバイトの私は、経営者の人たちと会うことは不快領域なので、一緒に時間を過ごす行動をこちらから取るなんて、恐れ多くてできませんでした。しかし、脳が自分は経営者だと素敵な勘違いをするようになると、経営者の人と会う約束を取るのが、比較的気軽にできるようになったのです。

もちろん妄想をどれだけしても、緊張するときは緊張します。周りの平均年収が自分の年収とも言われています。なので、私もお金持ちの人たちとできるだけ一緒に過ごす時間を作るようにしました。当時の私の現実は月収11万円、脳内は月収１００万円。それでも、年収１０００万円～億単位の方々との時間共有をするときは、逃げ出したいほど胸がとてもざわざわしました。

でも、こんなときこそ、「**不快領域に行かない限りは、現状のままの自分が続く**」ということを思い出すのです。そして、「自分の恒常性から外れた環境に不快を感じるのは当たり前のこと。今いるコンフォートゾーンの境界線を超えて、不快領域に足を踏み入れたら、理想のステージに近づける！」というマインドセットが背中を押してくれます。

今、あなたが知っている世界の中に新しい可能性はありません。あなたが知らないところに新しい可能性があります。不快領域は、人間関係だけでなく、行動にも同じことが言えます。今までやったことのない行動を起こすことは怖いですし、心地よさも感じません。

私も、フリーターを辞めて会社員になるというのも不快領域でしたし、起業してスタッフをお雇いするのも不快領域でしたし、今も常にコンフォートゾーンを超えたところで挑戦しています。全て毎日が「不快領域に飛び込む」の連続です。不快領域で過ごし続けると、いずれはその領域が自分にとっての当たり前の領域となり、結局はコンフォートゾーンになっていきます。

現状を打破して、新しいステージに行くには、不快領域に飛び込むことは必須です。理想が叶うチャンスがやってきたとしても、そのチャンスはあなたにとってコンフォートゾーンの向こう側です。今まであなたが経験したことのない世界なので、不安を感じます。なので、そのチャンスを今までもパスしている可能性がありますし、これからも一歩引いてしまう可能性があります。そんなときは「不快領域にこそ理想の未来がある」ということを思い出してください！　その不快領域への一歩が、あなたを新しい世界に連れて行ってくれます。

心が喜ぶ場所にいる or 人・物に囲まれている

これまでの話は、ただ単純に「不快」と感じる場所に行こう、「不快」と感じることをしよう、と言っている訳ではありません。理想の未来に繋がらない不快な環境に行っても、意味がないどころか、マイナスになってしまうだけです。例えば、「愚痴ばかりの女子会」や「我慢することだらけの職場」など、その先に理想の未来がなければ、ただストレスとなるだけの不快になります。あなたが感じている「不快」が、欲しい結果が手に入るための〝不快〟なのかをまず区別しましょう。

理想の未来のための〝不快〟以外は、むしろあなたの心が喜ぶ場所を選ぶようにしましょう！　あなたが時間を一緒に過ごす周りの人次第であなたが変わることをお伝えしましたが、あなたが過ごす場所によってもあなたは変わっていくのです。**あなたが出したい結果を既に出している人に会いに行くのと同じように、あなたが出したい結果を出しているときに行くであろう場所にも、今行ってください。**「理想の自分になったら○○に行く」ではなく、今もう行くのです！

例えば、現在の自分が、チェーン店の安いコーヒーのお店で読書をしているけれど、理想の自分はホテルのラウンジで読書をしているのであれば、今すぐホテルのラウンジに行ってください。それだけで、あなたは理想の自分に近づけます。初回は不快領域なので、ドキドキするかもしれませんが、それは初回だけです。私も月収11万円のときから、ホテルのラウンジに行って読書をしていました。

チェーン店の安いコーヒーをレジカウンターで注文するとき、あなたはどのように頼みますか？　何も考えることなく、「ホットコーヒーをお願いします」とレジの人に伝えるでしょう。そのときのあなたの服装も、特に何も考えずに着ているはずです。

いつもの普段通りの、何も変わらないあなたです。

一方、ホテルのラウンジに行くときは、服装のことは少なからず考えるはずです。ジャージや部屋着のような格好では入りにくいですし、NGなところもあります。服装のことを考えないどころか、むしろオシャレをして行きたい場所がホテルのラウンジですよね！　私もその当時持っているお洋服の中でも、一番いいものを選んで着用していました。

安いコーヒーショップなら、すっぴんでマスクで行くのは抵抗なくても、ホテルラウンジに行くとなるとすっぴんでは行きたくもありません。メイクもちゃんとしていきたい場所です。こうやって、オシャレをするだけでも、姿勢や表情が自然と変わり、あなたの内側から輝きも出てきます。

ラウンジでコーヒーを注文するとき、「ホットコーヒーをお願いします」と発する言葉は安いコーヒーショップと同じでも、上品な雰囲気で、微笑みながら伝えるでしょう。意識をしていなくても、その場所にふさわしい振る舞いをしてしまうのです。

こうやって少しずつ、ホテルのラウンジで読書するにふさわしい自分になっていきます。そして、**その場所の周波数の波動と合う自分にもなります**。**すると、理想の自**

分が発する波動に近づくので、理想を叶えるためのチャンスや人脈と引き合うようになるのです。

そうは言っても、ホテルのコーヒーは高いので、「やっぱり理想の自分になってからじゃないと……」と思うかもしれません。確かにホテルのコーヒーは高いです。使っている豆は違えど、安いところなら120円で飲めるコーヒーが、ホテルラウンジでは800円程度ですから。

しかし、今でも私はコーヒーに800円を払いに行っている訳ではありません。私はその場所に対して価値を感じているので、場所代が含まれていると思って、いつもお支払いしているのです。その場所に行くと、優雅な気分になれて、心も穏やかになり、プラスのエネルギーが湧いてくる。そして、それが理想の未来へ繋がるならば、800円はとても安い自己投資です。

毎日行く訳でもありませんし、当時の私は月に1、2回行く程度でした。その代わり、安いコーヒーショップには行かないようにしました。「私が行くのは、ホテルのラウンジが基準」というライフスタイルを染み込ませるためです。理想の自分がホテルのラウンジで読書をしているのならば、ぜひみなさんにも今週のどこかで「ホテルのラウンジで優雅に読書をしている自分」を楽しんでいただきたいです。

場所だけではなく、もちろん物にも周波数があります。**「どんな物に囲まれて生活するか」ということは、「どんな周波数を浴びて生活するか」ということなのです。**

あなたが一番時間を過ごす部屋は、理想の自分にふさわしい周波数を出しているもので揃っていますか？　あなたの部屋を、あなたにとっての世界で一番のパワースポットにするぐらい、心がワクワクするもので整えてみてくださいね！

場所も、人も、物も、全てあなたを良くも悪くも変えてくれます。理想の自分に標準を合わせて、過ごす場所、会話をする人、囲まれる物を選んでいきましょう！

褒めてくれる人が周りにいる

アメリカに住んでいたときのカルチャーショックのうちのひとつに、知らない人に対してでも突然褒めるという文化がありました。街を歩いているとき、通りすがりの女性から満面の笑みで、「あなたのブーツ素敵ね！」と話しかけられ、そのまま去られたりしていました。突然の出来事に私はお礼も何も言えなかった状態だったのを覚えています。

スーパーのレジでも、「あなたのピアスどこで買ったの？　とっても似合うわ！」と言われたり、コーヒーショップにいた他の女性客に「黒髪のロングヘアー、すごく美しいわ！」と前触れもなく褒められたこともあります。

そして**アメリカでは、褒め言葉に対して日本人のように「そんなことないです」などと否定しません。必ず「Thank you」とお礼を伝え、褒め言葉を受け入れます。**そんな文化圏で生活していたので、私も周りの外見・内面問わず、褒める習慣がつきました。周りから褒められて、それを受け入れ、周りを褒めて、それが受け入れられる日常だったのです。

外見を褒められていると、「見られている」という意識が高まり、自分の外見にさらに気を遣うようになります。そして褒められることで、外見への自信が増え、スキンケアをきちんとしていこう、メイクやファッションも勉強しよう、などと美容に対するモチベーションが上がり、それに比例して外見が磨かれていきました。

さらに、日本人のように褒められた言葉を跳ね返すのではなく、受け入れることによって自分自身を肯定するため、自分の外見が大好きになっていくのです。そして、自分では気が付かなかったチャームポイントも教えてもらえることが多くありました。

褒め合うことは、お互いの美を引き出す最高の環境なのです。

そしてそれは、国に関係なく、日本でも同じことでした。美人の会話の中には、外見を褒め合うという共通点があります。さらに、褒められたところから、それに対する秘訣の会話が繰り広げられるので、美容に対する知識も増えていくのです。

でももし、周りにあなたの外見を褒めてくれる人がいなかったら、どうすればいいと思いますか？　あなたと同じような人が引き合うので、まずはあなたから周りを褒め始めてみましょう！　褒めるのに慣れていない場合は、その人の持ち物からでも大丈夫です。持ち物を褒める場合は、「○○ちゃんに似合ってる」「○○ちゃんらしくていいいね」「やっぱり○○ちゃんオシャレだね」と、その人を褒める言葉も添えるといいでしょう。

お互いを褒め合うことで向上するのは外見だけではなく、内面を褒めることで自己

肯定感とチャレンジ精神が向上し、目標達成へのガソリンともなります。

簡単な例で言うと、１００点を目標としているテストで、AさんとBさんが同じ70点を取ったときに、Aさんは周りから「70点も取れたのすごい！　やっぱり頑張り屋さんでえらいね！　この調子で１００点もいけるじゃん！」と複数人に褒められました。一方、Bさんは「30点も間違えるとか全然ダメじゃん。向いてないと思う。もうやめた方がいいよ」と複数人に言われました。

この場合、どちらが次に目標点に繋がる行動を取りやすいと思いますか？　もちろんAさんの方ですよね！　もしかすると、中にはBさんが言われたような言葉をバネにして見返す気持ちで行動する人がいるかもしれませんが、復讐心のような周波数を出していては、ポジティブな感情を抱く未来はやってきません。

つまり何事も全く同じ結果でも、周りから褒められるかそうでないかで、自分の能力の信頼度とモチベーションがはるかに違ってきます。そして、周りから自分の行動や結果に承認を受けると、それを保ち続けたいという気持ちが強くなり、目標に向かって継続的に行動しやすくなるのです。

私自身も、周りからの「綾香さんは言ったことは必ず実現させるところがすごい」

「1度に複数のことをこなせるのは本当に尊敬する」などの**褒め言葉を浴びていることにより、その言葉通りの自分が保てています。**

ただ、他人から褒められ続けるだけではあなたは変わりません。その褒められた言葉を、素直に感謝の気持ちを持って、ちゃんと受け入れることがあなたを変えていきます。そして、周りから褒められるだけでなく、あなたも自分自身を褒めることを忘れないようにしてください。やりたいことに集中していると、周りの人たちと関わる時間が減り、褒められる機会もなくなることだってあります。そんなときは、あなたがしっかりと、あなた自身を褒めてあげてください。

あなたの外見も内面も褒めてくれる人がいる環境を作るために、まずはあなたが周りのいいところを見つける習慣をつけて、それを積極的に口に出していきましょう！

お互いを認め合うと信頼関係も深まるので、チームでひとつのことを目指している場合は、成功までの道のりが、よりスムーズになります。

危険！　このような人からは離れよう！

これまで、憧れの要素を持つ人や、褒めてくれる人が周りにいる環境を作るようにお話ししてきましたが、逆にここでは距離を置くべき人たちのお話もしておきます。あなたが夢に向かって進もうとする初期には、必ずと言っていいほどドリームキラーが現れます。ドリームキラーとは、他人の夢を否定したり、夢への自信やモチベーションを奪う人のことです。

厄介なのが、意外と身近な人たちがドリームキラーになりがち！　なこと。普段あなたの味方でいてくれる人の発言なので、真に受けてしまいやすいのが本当に危険です。せっかく描いた夢を他人に奪われてしまうのを防ぐために、ドリームキラーの特徴を予め知っておきましょう。次に紹介するのが私が実際に出会ってきた3つのタイプです。

・心配が故に止めてくるタイプ

このタイプに当てはまる人こそ、あなたを大事に思っている人なので、言うことを聞いてしまいがちです。私の親がこのタイプに当てはまります。

以前、私がカンボジアに一人旅に行こうと思ったとき、父が全力で止めてきたのです。「地雷があるから危ない」「治安が悪いから行くな」など、行くべきではない理由を並べてきました。そんな父は海外経験がゼロ。私はそれまで発展途上国を含め既に10カ国以上旅行をしている経験者にもかかわらず、それでも心配して、私がやりたいことを止めようとしてくるのです。

しかし、実際にカンボジアに住んでいたり、旅行をしたことのある友人たちは、一切そのようなことは言いません。むしろ、「アンコールワットが今まで見た世界遺産の中で一番感動した」「フルーツが安くて美味しくて最高」など、経験者たちからはポジティブな情報がたくさん入ってきました。

仕事でもプライベートでも、あなたが意見を聞くべき人は、既にあなたが経験したいことを経験している人、あなたが出したい結果を既に出している人です。心配してくれるのにありがたいことですが、それを聞き入れてあなたがやりたいことができない人生になるのは残念なことです。

・どんな状況でも否定するタイプ

このタイプは、いかなる状況でもネガティブな理由に変換して「無理だよ」「やめておいた方がいいよ」と、あなたのやりたいことを否定します。

「その年齢でそういうことするの？　まだ早いよ（or もう遅いよ）」

「結婚してるのに挑戦するの？　家族に迷惑かかるんじゃない？（or 独身なのに挑戦するの？　結婚して安定してからの方がいいんじゃない？）」

「不景気なんだから起業はやめた方がいいよ（or 景気いいんだから会社員辞めるのもったいないよ）」

「あの人ができなかったんだから、あなたにできるわけないよ（or あの人ができたからって、あなたができるわけじゃないんだよ）」

どんな状況であれ、あなたのやりたいことを否定してくるので、その人の言うことを聞いていると、一生挑戦するタイミングがなくなります。ちなみに、そのようなことを言う人の人生を見てみてください。その思考なので、大きなことに挑戦して成し遂げたことがないはずです。夢が永遠に叶わない人生を送りたくなければ、その人の言うことは無視しましょうね！

・現実主義なタイプ

このタイプも夢に向かって挑戦したことがない人たちなので、夢に対して行動を起こしていない自分を正当化するかのような発言をします。あなたの目指していることのリスクを強調して、挑戦しない方が正解であることを押し付けてきます。

夢よりも現実を見るタイプです。そして、何も達成していない自分に対して、あなたが夢を叶えて遠くに行ってしまう焦りや寂しさが入っている場合もあります。

私も起業を目指していた頃は、「雇われで働くままの方が絶対いいよ」と会社員の友人たちから言われ続けました。アルバイト時代に掲げた「起業して年収1000万円」の目標を友人に言うと、あざ笑われました。

しかし、起業家たちからは「起業したいなら絶対起業した方がいい！」「年収1000万円？　綾香ちゃんならできるよ！」と、否定の言葉は一切言わないどころか、私の挑戦を促してくれる言葉をたくさん言ってくれたのです。誰に夢を話すかで、自信とモチベーションが大きく変わることを、非常に痛感してきました。

ドリームキラーが現れたら、意識的に距離を置くようにしたり、言われたことを気にしないことです。そして、そもそもあなたの夢をドリームキラーに話さないようにしましょう。私は夢への価値観が合わない友人とは意識的に会わないようにしました。親に対しては、仕事でもプライベートでも新しいことをするときは、今は全て事後報告にしています。

これからあなたが夢に向かって挑戦をしていく中で、周りから否定的なことを言われるかもしれません。しかし、アドバイスを聞く相手は、あなたの身近な人、あなたを大切に思っている人ではありません。あなたが成し遂げたいことを、既に成し遂げている人からのアドバイスを素直に聞くことを忘れないでください。

応援し、高め合える仲間がいる

ドリームキラーから距離を置くだけでなく、あなた自身もドリームキラーにならないように気をつけましょう。**たとえ口に出さなくても、相手に対して「無理だよ」と心の中で思うのもＮＧです！**

なぜなら、あなたの中で「夢を叶えるのは無理」という設定になってしまうから。その「無理」という単語が、結局自分自身に返ってくるので、あなたの夢も叶えることが「無理」になってしまいます。相手に対して、「できるよ！」と信じることが、あなた自身の成功にも繋がっていきます。

あなたの憧れのステージの人との時間共有も大事ですが、あなたと同じステージで夢に向かって挑戦している仲間がいることも、大きな力になります。

どうしても一人で頑張っていると、なかなか思うような成果を出せない期間、挫けそうになってしまいます。私も「結果が出せないのに、私だけ頑張ってててなんかバカみたい」と泣いていた時期もありました。

そんなとき、励みになったのが私と同じように夢に向かって行動をしている仲間たちです。欲しい結果はすぐ出るものではありません。だからこそ、夢を叶える過程で経験する困難をリアルタイムで共感し合える仲間の存在があると、「みんなも挫折せずに進んでいるから、私もとにかく手を動かさなきゃ！」と諦めずに進んでいくことができます。

手っ取り早く仲間を作る方法は、自分が目指していることが学べる講座に行き、横の繋がりを作ることです。私は仲間作りもゼロからのスタートでしたが、講座に行くことで、仲間が簡単にどんどん増えていきました。ただ、講座に行ったからといって、座って黙っているだけなら仲間はできません。話しかけられるのを待つのではなく、積極的に話しかけていきましょう。

私が通っていた外国語専門学校は、毎年夏にアメリカへの1ヶ月の短期留学プログラムがオプションでありました。その説明会で、担当の先生が話していた内容が今でも忘れられません。

「短期留学から帰国した生徒の中には、不満そうにこんなことを言う人が毎年います。『1ヶ月も行ったのに、結局アメリカ人の友達ができませんでした』と。そこで、私は生徒にこう聞きます。『あなたから手を差し出しましたか？（アメリカでははじめましての挨拶時に握手をします）』って。そういう生徒の答えは、必ずNOです。待っているだけでは、友達はできませんよ。あなたが友達になりたいという意思は、黙っていては伝わりません。自分から手を差し出さないのに、文句を言うのはやめてください」

説明会のときに聞いた先生のこの話は、留学生活だけでなく、今後の私の人生の中で一期一会を大切にするキッカケにもなりました。とりあえず話しかけてみる。気が合わなかったら、無理に友達や仲間になる必要もありませんし、気が合う人とだけ繋がり続ければいいのです。応援し、高め合える仲間作りも、受け身ではなく、自主的に実行していきましょう。

褒められる環境を作りたければ、まずは自分から褒めていくのと同じように、応援される環境を作りたければ、まずは自分から応援していく。そのことを意識して、周りを応援しているのに、「私は周りから応援されてない……」と感じたときは、次の2つが当てはまっていないか確かめてみてください。

①見返りを求めて行動している

「私はあなたをサポートしてあげているんだから、あなたは私のサポートもするべき」と相手に見返りの気持ちを持って行動していないでしょうか？　その場合、相手の成功を純粋に望んでいない感情のエネルギーがあなたから出ているので、それが反映して自分に戻ってきています。

そして、「相手のサポートがないと私は成功できない」と、自己評価も低下しています。サポートされるのが当たり前だと思っていると、感謝の気持ちも忘れてしまい、仲間との間の不信感にも繋がります。周りを応援するとき、あなたがどんな感情で応援しているのか、見つめ直してみましょう。

②自分自身を丁寧に扱っていない

「割れ窓理論」という理論を聞いたことがありますか？　建物の窓が何者かに割れているのをそのままにしておくと、誰もその建物に対して注意を払っていないと見なされて、他の窓も壊されやすくなってしまうという理論です。つまり、小さな乱れが、大きな乱れに繋がってしまうということです。

同じことが人間関係にも当てはまります。**自分を卑下したり、粗末に扱っている人は、自虐的な言葉を多く口にし、身なりも適当になりがちです。その結果、周りからも自分に対して同じような扱いをされやすくなってしまいます。**「周りが私を女の子扱いしてくれない」と言っている人は、自分自身のことも女の子扱いしていません。

自分のことを褒めたり、大切にできている人が、周りからも大切に扱われ、応援し合える関係を築きやすくなるのです。

あなたの行動だけでなく、あなたの在り方次第でも、あなたに対しての仲間の関わり方が変わっていきます。応援し、高め合える仲間を作るには、まずは自分自身を見直してみましょう。

「密」な人間関係を大事にし、メンターの言うことを素直に聞く

仲間を心から応援すると言われても「周りの成功を素直に喜べないから応援できない……」という方もいるのではないでしょうか？　私もそうでしたので、すごく分かります。

周りがみんな成功していき、私だけ置いていかれるのではないかという焦りや、私も同じように頑張っているのに、なぜあの人は結果が出るのかという嫉妬がありました。これは人間の自然な感情の反応なので、そうなっても自分のことを嫌に思わない

でくださいね！

そんなときは、周りの5人の平均があなたであることを思い出してください。**周りが成功すればするほど、次はあなたが成功する可能性が高まっていきます。なのに、焦りや嫉妬の周波数を出していては、成功した周りの人たちの喜びの周波数にも同調できず、ネガティブな感情を感じる未来がやってくるだけです。**成功の喜びの周波数を浴びて、同じような喜びを感じる未来を引き寄せましょう！

しかも、仲間が上手くいったということは、身近な人からどんな考え方でどんな行動をしたら上手くいったのかを直接聞くことができ、自分の目標達成に繋げることができます。お手本になる人が増えるということです。

私も、私が叶えたい夢を周りが叶えていく中、身近な誰がその夢を叶えたかのリストを作っていました。そのリストの名前が10人に達しても、「なぜ私だけまだ叶わないの……」と思わずに、「周りでこれだけ達成してるから、きっとそろそろ私の番！」とずっとワクワクし続けていました。何事も自分にとってベストなタイミングで叶うものです！　そして周りが成功することは、あなたにとって実はプラスしかないのです。

このようにお互いの小さな成長から大きな成功を喜び合うことで信頼が増し、周りから自分では発想できないようなアイディアや、成長に繋がるアドバイスをもらえるようにもなります。信頼関係があると、相手のアドバイスが善意的なものだと確信があるため、言う方も気兼ねなく伝えることができますし、受け取る側も安心して聞き入れることができるようになります。

また、仲間からの意見もヒントになりますが、**一番素直に聞き入れて、即行動に移すべきなのは、あなたの出したい結果を既に出しているメンターからのアイディアやアドバイス！** その人は、既にあなたが達成したい目標をやり遂げる方法を知っています。ですので、あなたが直面するであろう困難に対しても、的確なアドバイスができますし、そのときの心境も理解できるので、励ましの言葉ももらえます。

ただ、メンターのアドバイスは「そんなことしなければいけないの？」と思わされるほど、とんでもなく聞こえる場合も多いもの。なぜなら、その行動はあなたにとって不快領域だから。

とはいえ、目標達成までの道のりで、あなたがまだやっていないことをやってきたのがメンターなのです。

例えば、「**目標としている年収の5%を自己投資する**」とアドバイスをされたとき、目標年収が1000万円ならば、50万円の自己投資をすることになります。50万円の自己投資をしたことのない人にとっては、自分の常識外のとんでもないアドバイスです。

私も「目標年収の5%を自己投資」という言葉をメンターから聞き、初めて38万円の自己投資をしました。分割払いでしたが、講座の申し込みボタンをクリックするとき、とても緊張したのを覚えています。そして、この1回の自己投資の経験が、本当にその後の人生の収入に大きな変化を起こすことになり、むしろ今では1日でその38万円以上を稼げる日もある人生になったのです。

私が実際にお話を聞いたことのある女性二人は、まだ主婦や会社員のときに、ビジネス上のメンターから「北朝鮮に旅行に行くといい」というアドバイスや「同棲している彼氏と結婚するといい」といったアドバイスを受けたことがあるそうです。一見、ビジネスの成功に関係ないように思えますよね。それでも、二人は素直にアドバイスを実行しました。
その結果、娘を置いてまで怖い想いをしながら北朝鮮に旅行に行った女性は、「ちょっとのことじゃ簡単に死なない」と何事に対しても度胸がつき、その後のビジネスの挑戦に大きな自信をつけることができました。もう一人の、別れたいと思ったときにいつでも簡単に別れられるように、同棲をしていた彼氏とあえて結婚をしていなかった女性は、プライベートで結婚というケジメをつけることで、ビジネスが軌道に乗っていきました。そして今この二人の女性は、年商で2億円以上を稼いでいます。

過去にあなたと同じ挑戦をしたメンターのアドバイスを素直に聞き入れることで、あなたが費やす予定だった試行錯誤の時間が大幅に削れ、成功までの道のりをより短縮することができるのです。何事も経験して初めて分かることがたくさんあるので、メンターのアドバイスは、行動後に身をもって理解することが多々あります。今の私たちには理解できなくても、メンターの言葉は目標に向かって進む上で非常に効率的なのです。

COLUMN
3

たったひとつの美人アイテムから始める

理想のあなたが着用しているファッションアイテムや、使っているコスメはどのようなものですか？　今、全て揃えるのは難しくても、ひとつだけなら手に入れることはできますか？　例えば、ピアスなどのアクセサリー。特別な機会につけるお気に入りのものは、今でもひとつはあるかもしれませんね。あなたの理想のファッションで身を包む未来は、そのたったひとつのアイテムから始まります。

理想の自分もつけているようなお気に入りのアイテムを既にひとつでも持っている方は、それをイメージして読み進めていってください。ここでは例として、ピアスにしますね！　そのお気に入りのピアスをつけてお出かけをするとなると、あなたはどのようなメイクをしますか？　どのようなお洋服、どのような靴を履きますか？

きっと、理想の自分がつけているピアスなのですから、そんな自分にピッタリなメイクをし、ヘアスタイルも相応に整えます。そうすると今度は、せっかく首から上がバッチリ決まっているのですから、お洋服もそれに合うものを選びたくなります。そして、玄関から出るときは、足元もそんな自分に最適な靴を履きたくなります。

たったひとつのピアスから、今あなたが持っているアイテムの中で、最大限に理想の自分に近いファッションに自然となるのです。

これを実践していくと、持っているものの中からでなく、そのピアスにふさわしい「新しいワンピースや靴を買いたい！」というモチベーションが上がる心理が出てきます。

これは、「ディドロ効果」という心理現象です。私たちは「揃えたい」「統一したい」という本能があります。新しく取り入れた商品やサービスで理想的な価値を手に入れたとき、今までの他の身の回りのものも、その価値に合うものに一新させたいという心理です。

例えば、スキンケア商品のラインをドラッグストアチェーンで買い揃えていたときに、化粧水だけデパコスの高品質なものを取り入れたとします。それが理想的な価値のものであれば、ディドロ効果が発動します。化粧水だけでなく、美容液も、クリームも、同じブランドで揃えたいという気持ちが高まり、徐々に理想的な価値のものに一新されていくのです。

実は私がそうでした。もともとは、コスパがいいという理由で、スキンケア商品もメイクアップ商品もネットで買えるメーカーを選んでいました。でも、本当はデパコスが憧れだったのです。そこでまず、パウダーファンデーションを理想の私が使っているゲランという高級化粧品メーカーに変えたのです。このたったひとつのアイテムから始まりました。そこから、「リップがなくなったら、次はゲランにしよう！」「メイクだけでなく、スキンケアも今度はゲランのを買おう！」と、ひとつずつ変えていき、結果今はゲランの製品が一式揃っています。

理想の自分がどんなファッションをしているのかが今は分からなくても大丈夫です。それこそ、ひとつさえ分かればOK！　帽子、トップス、ベルト、ネックレス、スカート、時計、ワンピース、靴……、何かひとつ選んでください。あなたのスタイルの中心になるもの、もしくは最も気に入っているもの。そうすると、それに合うファッションをしている人が雑誌やSNSからも目に入ってくるようになり、具体的にトータルコーディネートをイメージしやすくなります。

1度に揃えると経済的な負担がかかるので、少しずつで大丈夫です。私も季節ごとに1～2アイテムを更新するペース。エネルギーは手放すのが先、入ってくるのが後でしたよね。この原理も利用し、私は「次の冬はワンランク上のコートに更新する」と決めて、前回の冬の終わりに今まで使っていたコートを手放しました。こうなったら次の冬までに理想的な価値に合うコートを買わざるを得ません。ディドロ効果を利用すると、あなたの外見もみるみる理想の外見に大変身していきますよ！

第5章

いつもの日常も自分次第でスペシャルな日に

自分の身近な「好き」に敏感になる

「何かいいことないかな」と、ついついつぶやいてしまう……。そんなことはありませんか？　ここまでこの本を読んでいただき、お分かりだと思いますが、「いいこと」は受け身で待っているだけで起こるものではなく、自分で起こしていくものです。

そもそも、「何かいいことないかな」と言っている現状は、「今はいいことがない」と思っている状態です。これまでお話ししてきたように、思考は現実になるので、このままだとますます何もいいことがない状態が続くだけになってしまいます。ですので、「何かいいことないかな」という口癖がある人は、まずはその発言をやめるようにしましょう。

私たちは1日に3万5千回もの選択をして生きているという研究があります。しかし、選択のほとんどが無意識で行われているので、そんなに選択している感覚はありません。

歯磨きをするとき、あなたは毎回同じ箇所から磨いています。でも、どこの箇所から磨くかなんて、毎日意識していませんよね。このように、無意識でいつもと同じ行動を取るので、〝いつもの日常〟ができあがります。その〝いつもの日常〟の中の選択を、好きなことで埋めることを意識するだけで、〝いいことがある日〟に変わっていきます。

「好きなこと」と聞くと、何か特別な気持ちがある大きな「好き」しか思い浮かばないかもしれませんが、日常の中にあるあなたの身近な小さな「好き」にも敏感になってください。その身近な「好き」を1日の中で選択し続けると、自然と1日の中にあなたの「好き」がたくさんちりばめられ、必然といつもより楽しく心の躍る1日ができあがります。

そのためには、**まずは、日常の身近な「好き」を意識して拾ってみてください。**朝一番に外の空気を吸うのが好き、化粧水をケチケチ使わずたっぷり使うのが好き、ラベンダーの香りの入浴剤を入れるのが好き、頑張った日に飲む缶ビールの一口目が好き、お気に入りの食器でケーキを食べるのが好き……。その小さな「好き」をかき集めて、日常を意図的に鮮やかにしていってみてください。

ちょうど食器の話をしたので、このタイミングでお話ししたいことがあるのですが、みなさんは「お客様用の食器」はお持ちですか？　普段自分が使うよりも、来客用の上品な質のいい食器です。もしあるのならば、お客様用ではなく、それを普段からあなたが使用してください。あなたに「好き」という感情が、来客用の食器を見つけたときにあったから、お金を出して買ったはずです。

あなたが気に入って手に入れた食器を使うことで、ブレイクタイムや食事の時間がより豊かになるのは、容易にイメージできると思います。そして、**上質なものは他人が使い、そうでないものは自分が使うという習慣は、「自分よりも他人の方が大切に扱われるべき」「自分は上質なものがふさわしくない」と潜在意識で植え付けられ、ワンランク上のライフスタイルを望んでいても、なかなか叶えることができません。**

このような理由で、私の家には来客用の特別な食器は置いていません。普段から自分が使う食器が特別な食器ですから。

あなたが日常で使う食器も、お客様に堂々と出せるぐらいのものを選択してみましょう。

私の講座で「日常を特別にするリスト」を書き出すワークがあるのですが、意外とここで生徒様のペンがなかなか進まないことが多かったのです。ひとつ、ふたつ書き出しているものを見ると、「ディズニーランドに行く」「海外旅行をする」など、その生徒様にとって非日常なことを書いていました。

ここで私が気が付いたのが、「特別な日」の定義が私と生徒様で違っていたということです。私が伝えたい「特別な日」は、非日常な体験をすることではなく、いつものライフスタイルの中に少しの工夫を加えることなのです。

日常を特別にするために、大きなことをプラスする必要はありません。ただ、**今の日常の中で「好き」なことに敏感になり、その時間を丁寧に楽しむだけで、その日の特別感が変わっていきます。**

このように、自分に好きなことをさせてあげる習慣、日常を特別にする習慣がつくと、その1日1日の積み重ねで、好きなことで埋まる特別な人生になります。そして、この習慣こそが、自分自身に非日常を味わわせてあげる許可を出しやすくなり、行動のハードルを下げ、結局はディズニーランドや海外旅行も気軽に行けるライフスタイルが実現するのです。

仕事もプライベートも好きなことで溢れるライフスタイルを理想としているならば、まずは日常の小さな楽しみや喜びを見つけ、毎日を彩る行動を自分から起こすこと。**どんな大きな変化も、まずは小さな変化から始まります**。さっそく今日、あなたが持っている最上の食器で、紅茶を飲んだり、食事をしてみませんか？　そのような食器がなければ、これを機にひとつでもいいのでそういった食器を買ってみましょう！

基準は自分の心が喜ぶかどうか

特別な日にするための目の前の選択をする際は、頭で考えるのではなく、心で感じてください。自分の好きなことが分からない人は、周りにどう思われるか気にしたり、損得勘定で動いている場合が多いです。もちろん、何かを選ぶとき、頭で考えることも必要なのですが、心がどう動くかをベースにしましょう。自分の心の声の反応を無視して、頭で考えることを基準にしている結果、自分の好きなことや本当にやりたいことが何なのかが分からなくなってしまうのです。

そして、間違った基準にしがちなのが、憧れの人の行動を基準にしてしまうこと。

「憧れの人に近づきたければ、その人のやっていることの真似をするのがいい」と言いますが、それは本当なので、まずは真似した方がいい理由を説明します。

そもそも、憧れの人とあなたの現実が違うということは、憧れの人がやっていて、あなたがやっていない行動があるからです。憧れの人の思考と行動を観察することで、その人の成功の秘訣や習慣を取り入れることができます。

私も集客が上手くいっていないときは、集客が上手くいっている人の習慣を取り入れました。お客様のコメントをSNSにアップする、公式LINEに登録してもらうために友だち追加のプレゼントを用意する、インスタライブでフォロワーとコミュニケーションを取るなど、私がやっていなくて、上手くいっている人がやっていることを試すと、私も集客が上手くいくようになりました。

では、真似をしてもあなたにとって意味のないパターンをお伝えします。それは、表面だけの模倣です。よく「成功者は早起き」「成功者はテレビを見ない」といった習慣にまつわる話題を聞くと思いますが、その習慣を真似しても、成功に近づくことはできません。大事なのは、なぜ成功者は早起きをするのか？　なぜテレビを見ないのか？　という根本の理由を理解することだからです。

よく考えてみてください。

早起きをしている人は、みんな成功していますか？　そうではありませんよね。実際に、私はフリーター時代は6時起きの早起きでしたが、理想とはかけ離れた生活をしていました。逆に今は起きる時間が10時半が平均という、決して早起きではない生活をしていますが、理想通りのワークライフスタイルが送れています。

「早起きをしたら成功する」の真実で大事なことは、早起きをすることを目的としないことです。**成功している人は早起きが目的なのではなく、早起きをして何かに取り組むことが目的なのです。**

そしてもうひとつ私が感じていることは、成功する人は頑張って早起きをしていません。**早く起きたいと思うほど、何か没頭していることがあるから早起きをしているのです。**それほど何かに本気の人は、必然的にその先の成功に近づきます。「テレビを見ない」事実も同じで、テレビを見ることよりも他に夢中になれることがあるためです。

先ほどお話しした集客方法の、お客様のコメントをSNSにアップする根本の理由は、信頼性のある感想を発信すること。私自身が自分のお店をどれだけ高く評価しても、第三者の声の方がフォロワーの心に届きます。私はその理由を意識して、お客様のお顔と一緒に、お客様の直筆ボードメッセージを投稿させていただいていました。その理由を意識しなければ、集客効果はそれほどなかったと思います。

同じように、公式LINEも登録してもらうことが目的なのではなく、登録した後のお客様との来店に繋がるコミュニケーションが本来の目的ですし、インスタライブも、ライブをするのが目的ではなく、リアルタイムで会話をすることによって、ご新規様の来店に繋がるように親近感を持ってもらうことが本来の目的です。何事も、何のためにやっているのか？　という目的意識を持つことで、効果が違っていきます。

私もライフスタイルは憧れの人の真似をしようと、朝はスムージーを作る、朝日を浴びてヨガをする、スタバのバニララテを飲む、などの行動を取っていました。でも、私はキッチンで何かを作ること自体が好きではないし、ヨガのようなゆっくりとした動きだとしても、体を動かすこと自体が好きではないし、甘いドリンクも好きではないのです。**実践していくうちに、憧れの人のその行動は、「自分の心が喜ぶ」選択をして日常を特別にすることが根本だと気が付きました。**

それ以降、私も自分の心が喜ぶ選択をし続けました。その結果、毎日が楽しくなるだけでなく、自分の心にも素直になる習慣ができ、自分の本当の望みをより引き出せるようにもなりました。

憧れの人の心が喜ぶものと、あなたの心が喜ぶものは、似ていることはあっても全く同じということはありません。**憧れの人の行動を真似することは、成功に近づくために大事なことではありますが、その行動の根本を考察することが大事です。**

憧れの人のその行動の理由が、日常を彩ることであれば、形は違っても、あなたの心が喜ぶもの、楽しいと感じるもの、ワクワクするものを選択してください。その先には、あなたにオーダーメイドされた特別な1日が待っています。

理想の自分になって、いつもと違う現実を

私たちにはみな、役職や立場など、必ず何かしらのポジションがあります。「母である私」「会社員である私」「後輩である私」「リーダーである私」……、人にはそれぞれいろいろな肩書きのラベルが貼られています。

そして、私たちはそのラベル通りの自分になってしまうという心理現象があります。「ママだからこうあるべき」「後輩だからこうするべき」等々。この肩書きに左右されるからこそ、本来の自分のやりたいことを見失い、人生に不満が溜まる方向に向かってしまうのです。

この現象を逆に利用して、理想の自分に近づける方法があります。それは、**あなたのなりたい肩書きを、先に自分につけてあげることです。**私はこれで、仕事面、美容面、プライベート面の理想をかなり叶えてきました。

私は今までエントリーした各ビューティーコンテストの3ヶ月前から、自分は「フラワークイーン」、自分は「ミセス広島グランプリ」と、獲得したいタイトルを既に自分につけていました。そうすると「フラワークイーンだからこうあるべき」という考えが自分の中に生まれ、自然と私の行動が変わっていったのです。

歩き方や、表情だけではありません。日常の小さな仕草さえも変わっていったのです！　例えば、ダンボールの箱を開けるとき、もともと私はダンボールを指でガッと凹ませて、テープとダンボールの間に隙間を作り、ビリビリとたくましく雑にテープを剥がしていました。しかし、「私はミセス広島グランプリである」と思うと、その肩書きが私の行動を変え、カッターで丁寧に開けるようになったのです。

ビューティーコンテストは肩書きが用意されていますが、勝手に理想の自分の肩書きをつけてもいいのです。そのときに推奨しているのが、修飾語を肩書きにつけること。

例えば、私はワークライフスタイリストという肩書きを得る前から、「西日本で一番人気のワークライフスタイリスト」と、「西日本で一番人気の」という修飾語を入れた肩書きをつけていました。もちろん、正式にワークライフスタイリストになっていなかった頃なので、**自分の中だけの「理想の自分ごっこ」**です。しかし、そうすると、例えばブログの書き方も、日記のような記事から読者に役立つ内容を発信するようになるなど、言動も変わっていきました。

ワークライフスタイリストに正式になったあとも、その「西日本で一番人気の」という肩書きの修飾語が、私の活動を急加速させていきました。初めての講座のモニター生をブログで募集するとき、告知文章は完成しても、ブログの公開ボタンが怖くて押せませんでした。「申し込みゼロだったらどうしよう……」「あー、でも本当に申し込みきたら緊張するなぁ、どうしよう……」と時間だけが過ぎていきました。そんなときに、「あ！　私は西日本で一番人気のワークライフスタイリストだった！」と思い出し、「私がこんなことでおどおどしてる場合じゃないわ」と公開ボタンを押すことができました。

その後も、初めての講座に向かう途中は足が震えるほどでしたが、「私は西日本で一番人気のワークライフスタイリストなんだから大丈夫！」と気持ちを安定させ、「西日本で一番人気」という意識を持って、しっかりとプロ講師としての振る舞いをすることができました。

そもそも何事も「私初心者なんで」と言っている限りは、自分自身のことを初心者と設定しているので、ずっと初心者らしい言動を取ることになります。**初めから「私はプロ」という設定にすると、なりたい自分になれるスピードがかなり速くなります。**

アメリカ留学中に、まるでアメリカ人のようにかっこよく英語を話す日本人女性がいました。なぜそんなに話せるのかと聞くと、「自分のことキャメロン・ディアスだと思って英語を話しているから」と、ハリウッド女優になりきっているとの回答でした。

同じ英会話初心者でも、「私、英語分からないんで……」と後ろに回る留学生よりも、キャメロン・ディアスのように笑顔で自信を持ってコミュニケーションを積極的に取りにいく方が、断然英会話力はアップします。

以前、大手企業の広告制作をしていた方のキャッチコピー講座を受けたことがあります。その講師の方は名刺作成のお仕事もされていて、依頼者の目指す自分像を聞き、その人の現在地より斜め上に進んだ場所にいるキャッチコピーを書くと言っていました。その理由はやはり、そうすると、そのキャッチコピー通りの人間になるからです。

その人が目指しているところに連れて行ってくれる名刺作りをされている方でした。

あなたの理想の肩書きはどのようなものですか？

「今の私がこんなこと名乗っていいのかな……」なんて考える必要はありません。なぜなら、その理想の肩書きは、あなたの中だけで名乗るものなのですから、私のようにまだその肩書きを得ていないときから、自分の中だけで「理想の自分ごっこ」をするのは自由なのです。なので、**恥ずかしがらず、遠慮せず、なりたい自分の「修飾語＋肩書き」をつけてくださいね！**

理想の肩書きで過ごすと、必ず「いつもの自分」とは違う結論が出ます。今のあなたが日常で選ぶものが、理想のあなたであるときに選ぶものに変われば、確実に理想の未来に近づいていきます。

理想を叶えたときの自分の在り方は？

「理想の自分はファーストクラスに乗って、海外を旅行しているけれど、今の自分にはできない……」など、時間や金銭的な面で、理想の自分ごっこは無理だと思っている方もいらっしゃるかもしれません。理想の自分ごっこをする上で、行動の部分がまだできないのであれば、まずは在り方から始めてみましょう。

ファーストクラスに乗っているあなたは、日常生活ではどんな在り方なのか想像してみてください。常にご機嫌な気分でいる自分、小さなことにも大きく喜ぶ自分、感謝の気持ちを持って周りに接する自分、前向きな言動をする自分、など、ポジティブなイメージがどんどん出てくると思います。このような在り方は、時間とお金がなくても、今すぐにでも真似できるところです。

こうやって、在り方から理想の自分ごっこをしていくと、そんなあなたにふさわしい出来事がどんどん起こっていくので、いずれは理想の自分がする行動もできるようになります。そして気付けば、理想の自分ごっこをしていたつもりが、いつの間にか理想の自分になっているのです。

理想を叶えるのは、「Be（在り方）→Do（行動）→Have（現実）」の順番になります。なりたい自分の在り方（Be）で行動（Do）するから、手に入れる現実（Have）が変わってくるのです。

ですが、多くの人は「Have→Do→Be」で動いているので、現実が変わりません。スキルやキャリアなど持っているもの（Have）に準じて、自分にできるのは一定の範囲内の行動（Do）だと決め、結果こんな自分になる（Be）という、今の自分の能力を基準に、未来の自分も決めてしまっています。

そうではなく、未来のなりたい自分から現在地を見てください。視点を迎えたい未来から始めるのです。こんな自分になりたいから（Be）、こういう行動（Do）をし、欲しい現実を手に入れる（Have）という順番です。

これまでもお話ししてきましたが、私たちの未来像は「自分が今、自分のことをどう認識しているか」で変わります。つまり、今持っている〝セルフイメージ〟通りの自分になってしまいます。なので、**今よりいい未来を望んでいるのであれば、セルフイメージを下げるような思考・行動は避けましょう。**

私は月収11万円時代でも、欠かさずにお金を使っていたこだわりがひとつだけあります。それは、ネイルです。

ネイルは、仕事中も、食事中も、就寝前も、常に自分の目に映る場所にあるオシャレです。自分のお気に入りのデザインが月替わりで、体の一部になっていると私は気分が上がります。月収20万円ほどのフリーター時代から毎月ネイルサロンに通っていました。

そこから月収11万円の会社員になったとき、食費の余裕もなかったほどなので、正直ネイルをする経済的余裕はありませんでした。しかし、私はネイルはやめなかったのです。その理由は、まさにセルフイメージが落ちるからです。本当はネイルがしたいのに、お金を理由にできていない指が目に入るたびに、「私には大好きなネイルさえできるお金がない」「昔の生活の方がよかった」、そのような考えが、もしネイルをやめたら頭によぎってしまうだろうというのは分かっていました。「私はお金がない」「人生落ちていく一方」、そんなセルフイメージがつき、その通りの未来がやってくるのは絶対に嫌でした。

そんな現実を避ける行動をするのは自分次第なので、月収11万円の頃も毎月ネイルは欠かさなかったのです。「私はネイルができる時間とお金があるほど豊かである」「私は指先のオシャレも欠かさないほど美容に気を遣う」「私は自分の気分を大切にしてあげられる」と、ネイルは私のセルフイメージを保ってくれた要素であるし、今現在も私の美に対するセルフイメージを高めてくれています。

セルフイメージを高めるワークとして、〝**理想の自分がやっていることをSNSにアップする**〟という宿題を私の講座内で出しています。

まずは理想の1日の流れを書き出します。日常のライフスタイルの流れなので、今の自分でもできることは書き出した中でいくつかあるはずです。生徒様の例だと、「午前中ウォーキングをする」「午後はスタバでソイラテを飲みながらブログを書く」「夜はスパークリングワインをパートナーと飲む」などがあり、宿題としてそれを実践してもらい、SNSのストーリーに投稿してもらいました。

それは「理想の自分」としての日常を書き出したリストですが、実際に実践することで「現在の自分」が実行した「事実」ができます。そして、それを世の中全体に公開することによって、「(理想ではなくて) 今の日常として過ごしている自分」という意識が高まり、周りからもそう認識されているという自覚がつくと、そんな日常を過ごすのが当たり前の自分になっていきます。

理想のあなたが過ごす日常を、少しずつ現在の日常の中に組み込んでいき、SNSに投稿しながら、「現在の日常」を「理想の日常」に進化させていきましょう。

プチ贅沢♡をする

お金が理由で理想の自分ごっこができないというのは、あなたの思い込みである場合もあります。私はお金持ちにならないと、ホテルのランチには行けないと思い込んでいました。

確かにお金に余裕がないと、ホテルのランチには頻繁に行けません。でも、頻繁に行く必要はありません。**理想の自分ごっこで大事なのは、セルフイメージを上げるこ**

となのですから、2ヶ月に1回でもいいのです。

ここで、質問です。

あなたの財布や口座の中に、4000円はありますか？　おそらくほとんどの人があると思います。**現時点のあなたに「ランチに4000円を払う」という常識はなくても、あなたに「ランチに4000円を払う」という能力はあります。**支払う能力はあるけれど、「ランチに4000円使うなら、別のことに使いたい」「ランチに4000円はもったいない」という思考が働いていて、4000円のランチを食べに行く選択を取らないだけなのです。

でももし、あなたがなりたい姿が、〝ホテルのランチを食べたいときに、軽く行けるぐらいの経済力の女性〟であれば、もう今、その4000円でホテルのランチに行きましょう！　「4000円のランチに行けるほどの経済力は自分にない」と決めているのは、あなただからです。

少し背伸びをすればできるようなプチ贅沢は、あなたが勝手に設定した経済力の限度額を上げるアクションになります。このプチ贅沢をするときの注意点は、その体験をしているときのあなたの感情です。プチ贅沢体験をしているときに、「今月のお金、大丈夫かな……」「私、場違いかな……」のような不安を感じていては、「自分にこの体験はふさわしくない」と潜在意識に刷り込まれ、いつまで経ってもその経験が普通にできる未来がやってきません。

プチ贅沢体験をしているときは、ワクワクの感情、優雅な気持ちなど、ポジティブな感情を感じ、心を豊かにしながら、その体験にふさわしい自分の在り方で振る舞ってください。

プチ贅沢をして初めて身をもってあなたは「自分にもプチ贅沢はできるんだ！」と理解します。このたったひとつのプチ贅沢の経験が、さらに次に繋がり、どんどん理想の自分の行動に近づいていきます。

そのうちの中で、私が本当にやってよかったと思うフリーター時代からのプチ贅沢は、新幹線のグリーン席に乗ることです。「私なんかが乗っていいのかな？」「生活費、足りるかな……」なんて、チケットを買うことに躊躇しそうになったとき、私はいつもこう考えていたのです（当時、広島⇅東京間のグリーン料金は約８０００円でした）。

「1ヶ月後の自分を想像してみて。ちゃんと生きてる？　生きてる！　8000円いつもより多く払っただけでは死にはしない！　だから大丈夫！」

「私が死ぬとき、口座の中に8000円はあると思う？　8000円はある！　お金はあの世に持っていけない。だから、この8000円を今使わなければ逆にもったいない！」

こうやって自分自身を説得させながら、**背伸びをして理想の自分になりきり続けた結果、今は何の心の準備もなく、勢いもつけず、気軽にポンっとグリーン席を取ることが日常になりました。**

グリーン席に乗って初めて気が付くこともたくさんありました。理想の自分になりきって、グリーン席に乗ったときの感情は「優越感」だと想像していましたが、実際に乗車中ずっと感じていたのは「快適さ」でした。

普通席より静かで、よほど混雑していない限りは、隣の席は空席です。なので、他人に気を遣うことはなく、プライベート空間を広く確保できます。そんな快適な移動時間をグリーン車の乗客たちは過ごしているので、車両全体の空気感が穏やかで、とても居心地がいいのです。移動中はノーストレスでリラックスできるので、旅先に着いても元気いっぱいのまま行動でき、充実した1日を過ごせます。有名人と同じ車両になることもあり、「この人たちと同じレベルの空間にいる私」というのが、さらにセルフイメージを上げてくれます。

こんなグリーン席を1度体験すると、「また次もグリーン席がいい！」という気持ちが強くなります。「グリーン席に乗りたい」という気持ちが強いのは、1度もグリーン席に乗ったことがない自分よりも、1度グリーン席に乗ったことがある自分だったのです。1度体験して初めて、8000円の価値がそこにあると理解できました。

プチ贅沢をすることは、自分の未来への投資です。セルフイメージを高めるだけでなく、その体験をして「いい‼　やっぱり絶対に叶えたい！」と、夢を叶えるモチベーションも上がります。あなたがお金を理由に行っていない、理想の日常の行動は何ですか？　それにはお金がいくらかかりますか？　その金額のお金、あなたの財布の中にありませんか？　理想の自分になるための投資として、プチ贅沢を日常で実行してみましょう!

今は自信がなくても大丈夫!

「自信がないので、なかなか行動できません」という人は少なくありません。なぜなら、初めから自信がある人なんて、ほとんどいないからです。**自信は経験に比例してついていくもの。自信がつくのを待っていては、永遠に行動ができません。**なので、自信がないままでも行動することを私は強くおすすめします!

私も初めから自信があったわけではありません。ただ、この本でお伝えしてきたマインドをしっかりと頭に叩き込みました。

- 「できそう」と思える=できる
- 不快領域に飛び込もう!

・「とりあえずやってみる」それが成功の秘訣
・成功の反対は失敗ではなく、挑戦しないこと

等々、私は上手くいくための鍵となるような考え方を紙に書いて、目のつく場所に貼っていました。ワンルームのマンションに住んでいた頃は、ロフトが私の寝床でした。仰向けに寝ると、天井が顔のすぐ目の前にくるほどの狭いスペース。天井をそのマインドが書かれたメモで埋め尽くし、その言葉を自分自身に話しかけるように毎日寝る前に口に出していました。

すごく地味な習慣で、側から見たら変な行動かもしれませんが、今、やってよかったと心から思います。こうやって、上手くいくためのマインドセットを身につけた結果、自信がなくても行動できるようになったのですから。

〝今の自分に自信はなくても、自分の未来の可能性は信じている〟、そんな状態です。

たまに「それって、根拠のない自信じゃん。大丈夫？」と言われることもありました。その通り、根拠のない自信です。未来のことなんて、文字通り〝未だに来ていない〟ことなので、誰にも分かりません。なので、逆に「自信がない」というのも、何

を根拠として自信がないのかという話になります。**必ず上手くいく根拠も、必ず失敗する根拠も、どこにもありません。「自信がある」も「自信がない」も、今の自分が勝手に選んでいる感情なのです。**

むしろ、私は「根拠があったら自信が持てる」という人ほど、人生に変化がもたらされないと思っています。そのような人たちは、上手くいく根拠がないと行動ができませんし、1度失敗をするだけで「上手くいかない根拠」と捉え、どんどん行動が重くなっていくからです。根拠がない自信を持つ人ほど、人生がどんどん変わっていきます。

他にもよく相談されるのが、「結果が出ないから自信がつかない」ということです。**結果とあなたの価値を紐づけないでください。大事なのは、あなたが目標達成のために何をしてきたかというプロセスです。**

大きな結果はすぐには出ません。勉強でもスポーツでも、何事にも同じことが言えますが、長期的にコツコツと継続するからこそ、大きなものが得られるのです。短期的に得られるものに、大きなものはありません。

長期的な視点で見て、あなたがスタートした地点からどこまで進んできたのかに注目してください。理想の結果と今の自分を比較して足りない部分を見て落ち込むのでもなく、他人と比較して自信を失うのでもなく、比較対象はスタート地点のあなたです。

たとえ、思い通りに進んでいなくても、行動に移しているのであれば、確実に進んでいます。「行動したけど思い通りになっていない」とあなたが思うということは、挑戦している証拠なのです。目標に向かって諦めるまで挑戦する平均回数は、0・8回と言われています。なので、1回でも挑戦したあなたは平均以上！　そう、あなたは平均的な人よりも、行動ができる人なのです。その時点で、自信を持ってください。

挑戦を何度繰り返しても、結果が出ないときは、自信が徐々に減っていき、諦めてしまいそうになるかもしれません。そんなときのために、成功曲線のことを知っておいてください。行動量と結果は、比例して斜め45度で右肩上がりになるような一直線のイメージではありませんか？　私もそうでした。そう思っていたからこそ、「これだけ行動しているのに結果が出ない」と弱気になることが多かったのです。でも実は、図のように行動量と結果の関係を表すのは直線ではなく、曲線なのです。

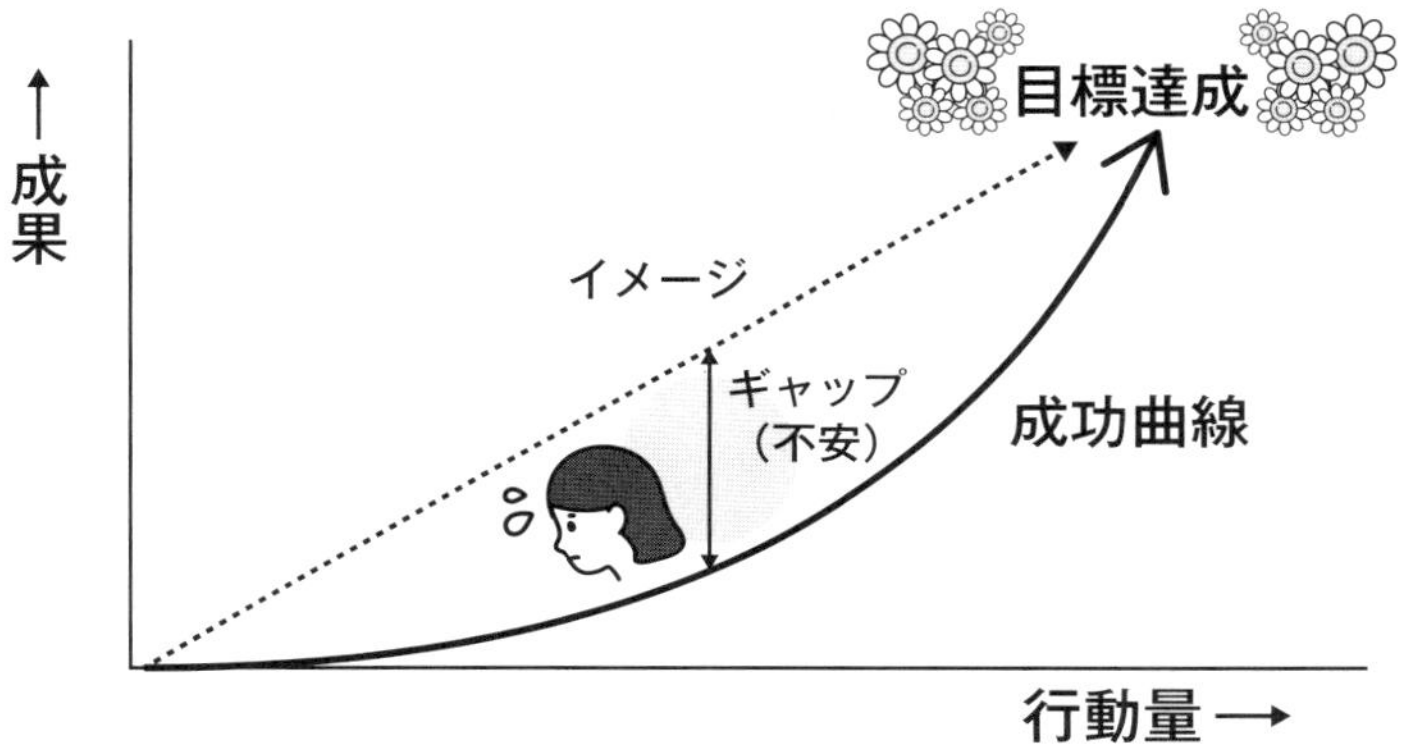

私の例でお話ししますと、起業して2ヶ月目で月商100万円を達成しましたが、これは2ヶ月で一気に達成できたものではありません。

どういうことかというと、その3年前からマインドチェンジをずっとし続けて、自分を変えてきました。起業前の3年間じっくりとしっかりと、結果が出ない中でも行動し続けていたから2ヶ月目で結果が出せたのです。

今もマインドセットをしながら自信を保ち続けていますが、昔から私にとって一番の自信になり続けているのは、理想のステージにいる人たちからの「綾香ちゃんならできるよ！」という言葉です。

憧れの人のサインと一緒にその言葉を書いて

もらったり、その言葉を録音させてもらったり。その言葉を見ながら、聞きながら、自分に自信を持ってここまで進んでくることができました。なので、今回は私があなたの力になりたいと思っています。

あなたなら、できます！

大きなことをしなくていい

なかなか行動できない理由のひとつに、「大きなことをしなくちゃ」「すごいことをしなくちゃ」と思っているという場合もあります。あなたが行動できないのは、あなたにやる気がないわけでもなく、自信がないわけでもなく、ただやることが大きすぎるから行動に移せないだけかもしれません。行動を起こせるようになるためには、その大きな理想を小さなパーツに分けることがポイントになります。どんな大きな夢も小さなステップの積み重ねなのです。

例えば、「留学する」という目標自体は1日でできるサイズのものではありません。とはいえ、今日、何をすればいいのかが分からなければ、何も動くことができません。そんなときに、「留学」を小さなパーツに分解していくのです。

・留学の目的を明確にしてノートに書き出す
・目的に合った国をリサーチする
・必要な語学力を得るための勉強計画を立てる
・留学に必要な費用を用意する手段のリストを書き出す
・実際に留学経験のある人から話を聞く

これなら、それぞれできることが1日のサイズなので、今日何ができるかというのが分かり、行動に移しやすくなります。

そして、**目標達成のために〝今日すること〟を知るには、達成期限を決めておくことがポイントです。**「3キロ痩せる」という目標があっても、その達成期限が1週間後なのか、1ヶ月後なのか、1年後なのかで、同じ目標でも今日のあなたの行動が変わりますよね。

まずは目標の達成期限を決めて、そこから逆算していきましょう。私は2017年の春に、2018年3月30日「バーを開業」という目標を手帳に書き込みました。まるで、ネイルサロンの予約を普段書き込むかのように、「夢」というよりも当たり前のように普通にやってくる「予定」という感覚で書き込みました。

ネイルサロンに行く予定を書いたとき、「この予定、本当にやってくるんだろうか……」なんて思いませんよね？「次はあのデザインにしよう！」など、ワクワクしながらその日を待ちます。同じように、夢を手帳に書き込むときも「この予定は本当にやってくるのだろうか……」などと思わずに、ワクワクしながらその日を眺めてください。

「できるかできないか分からない」と疑問に思いながら動くと、行動内容が中途半端になってしまいます。例えば、翌日ピクニックの予定があり、天気予報が晴天ならば、前夜に必要な準備を張り切ってするでしょう。これがもし、降水確率が50％で「ピクニックができるかどうか分からない」という状況なら、「準備は明日の様子を見てからにしよう」「違うプランを考えようかな」と、本来の目的を達成するための行動が中途半端になったり、その目的すらやめる方向にも向いてしまうのです。ですから、あなたの夢は、降水確率0％の予報でピクニックをする気持ちで進めてください！

私は2018年3月30日に独立する予定を立てたので、そこから逆算して、会社を辞める日は2018年2月25日、辞めることを会社に伝える日は半年前の2017年8月末、など具体的な日程を決めていきました。

その他にも、店舗の物件を探し始める日と契約する日、お店の備品をリストアップする日と全て揃える日、内装工事業者を探し始める日と決める日、お店の宣伝を始める日など、1年を通してスケジュール帳に夢を叶える予定を書き込んでいきました。これらは全て、先の留学の例でお話ししたように、それぞれ1日サイズの目標にして、予定通りに行動に移すようにしていました。

もちろん、予定通りにいかなくても大丈夫です！　初めてすることなのですから、予定通りにいかなくて当然です。私はバーの開業日はスケジュール通りに実行できましたが、それまでの過程の予定はたくさん変更しましたし、他の夢の達成日程もたくさん変更してきました。予定通りにできないから「諦める」ではなく、できなかったことは、ただ「予定変更」にすればいいのです。

スケジュール帳に書くほどでもない、さらに小さな行動も毎日の予定として実行してきました。憧れの人のYouTubeを見る、マインドがアップする音声を聴きながら通勤する、寝る前に理想の自分をイメージする……。周りから見ると、「そんなことで夢を叶えようとしてるの？」と思われるぐらい小さなパーツでもいいのです。この小さな行動の積み重ねが、あなたを理想の未来への扉の目の前に連れていってくれます。

月から地球に真っ直ぐに発射した宇宙船が、もし1度でもズレて進んだら、どうなると思いますか？　地球の約5個分もズレたところに到着してしまうのです。学生時代に使った分度器を頭に描いてください。たった、あの1度です。同じように、あなたが今日進む角度を1度でもずらすことで、確実に今とは違う未来に着陸します。

あなたの夢は、大きくて、かっこよくて、すごいことかもしれません。でも、あなたはその夢を叶えるために、大きなこと、かっこいいこと、すごいことをしなくても大丈夫なのです。**夢を叶える予定を立て逆算し、行動を小さなパーツに分けて、今日できることを実行していきましょう！**

周りがすごい人ばかりでも大丈夫

以前、紅茶が好きな友人から、このような相談をされたことがあります。

「紅茶教室を開くのが夢なんだけど、私より紅茶が詳しい人たくさんいるから、まだまだ全然開けないなと思って……」

もしかしてあなたも、「周りには自分よりすごい人がいる」と、知識やスキルの不足を理由にやりたいことを躊躇していませんか？　結論、周りにあなたより知識やスキルが上の人たちがたくさんいても、あなたもやっていいんです！　むしろ、周りの人と比べていたら、自分より上の人はキリなくいるので、永遠とやりたいことはできません。


その紅茶好きの友人にも同じことを伝え、教室開催の練習として私が生徒をすることになり、彼女の第一号の受講生になりました。彼女にとっては、周りと比べて知識がなかったのかもしれませんが、私にとっては驚かされるほどの知識量でした。自分にとっての「普通」は、誰かにとっての「すごい」になるのです。

その後も彼女は、「ティーインストラクターオブ・ザ・イヤー」という紅茶講師の日本一を決める大会にエントリーするかどうか悩んでいました。何に悩んでいるのかを聞くと、当日までにオリジナルレシピを考えなければならないけれど、レシピ案が思いつかないからとのことでした。

ここは、友人の背中を押すために、上手くいく人の「とりあえずやってみる」のマインドを伝え、「とりあえずエントリーして、当日までに考えよう！」とその日にエントリー。なんとその結果、彼女は大会で優勝し、日本一の紅茶講師の称号を得たのです！　言うまでもなく、今は地元で大人気の紅茶講師になりました。

大会のたった半年前は、「私より紅茶に詳しい人たくさんいるから、まだまだ……」と言っていたのです。もしずっとそのマインドで、行動できていなかったと思うと、本当にもったいなかったと思いませんか？

もし、あなたも同じように「私よりも周りにすごい人がいるから」という理由で行動していないとしたら……？

この彼女と同じことが言えます。そう、もったいないのです!

私だってそうです。野球専門スポーツバーを経営していますが、私より野球の詳しい人なんて何万人といるし、私よりお酒の知識がある人も何万人といます。そして、バーですが、実は居酒屋程度の簡単なドリンクしか私は作れません。

その分野で突出した「すごい人たちだけができる」のではなく、「やりたい人は誰でもできる」のです。なのに、「やっていない」というもったいない人になっていませんか?

得意でないことでも好きなことなら、のちのち「得意」に変化していきます。あなたが情熱を注げるものであれば、今は知識やスキルが少なくても、取り組み始めたら自然と知識やスキルが増えていくものです。

あなたには好きなアイドルグループ、スポーツチームなどはありますか? 普段は「顔と名前が一致しない」という記憶力に自信のない人でも、好きなことに対してなら顔と名前、プロフィールを覚えることなんて、何の苦痛にもなりませんよね。むしろどんどん覚えたくて、誰から何も強制されなくても、知識量が増えていくと思います。逆に、記憶力に自信がある人でも、全く興味のないスポーツチームの選手や政治家のプロフィールを覚えるのは、なかなか気が進みませんよね。**長期的に見ると「得意」よりも「好き」の方が強いのです。**

実際に、私の生徒様で裁縫が「苦手だけど好き」という方がいらっしゃいました。不得意ながら、好きだから続けていくとみるみる上達し、たった半年でワンピースを作れるほどまでになりました。好きなことを仕事にしたいけど得意じゃない……と悩んでいる方は、悩む必要はありません。後からどんどん得意になっていきますから！

そして、知識やスキルがどれだけ少なくても多くても、お客様は、結局はあなたの個性を認めてあなたを選んでくれるのです。

私のお店の中だけでもそれが顕著に現れています。

女性スタッフAさんは、野球ファン歴が浅いですが、特定の選手の推し活が大好き。男性スタッフBさんは、プロ野球には詳しくないですが、甲子園に出場するほどの実力の持ち主。両スタッフとも、飲食経験ゼロの状態から私のバーで仕事を始め、私よりもプロ野球の知識はありません。

しかし、Aさんが入る日は、同じく推し活が大好きな女性客が集まります。そして、Bさんが入る日は、アマチュア野球が好きなお客様が集まります。逆に私がお店に入る日は、その層のお客様はご来店されません。そう、知識やスキルで選ばれるのではなく、個性という魅力が人を呼んでいるのです。

「もう少し勉強してから……」「もっと上手になってから……」、そのような理由を勝手につけて、あなたのやりたいことを阻止しているのはあなた自身なのです。周りの方がすごくても大丈夫！　今は不得意でも「好き」なら大丈夫！　やりたいことを先延ばしにするのは、もうやめましょう。

臨場感があることをイメージする

少しだけ、「理想を自動的にスルッと叶える方法」の復習をします。脳は、目の前の現実と妄想の区別がつかず、より臨場感のある方を現実と認識するということは、先にお話ししました。なので、妄想の方がより臨場感があれば、〝脳内の現実〟に合わせて目の前の現実が変わっていきます。脳内に描いている理想の未来を臨場感たっぷりに妄想すればするほど、時差はありますが、それが現実化されていくのです。

臨場感溢れる理想の未来をイメージするために、まずは、まだ物理的に存在していないあなたの理想の未来を、1次元に誕生させていく作業をしましょう。つまり、あなたの**頭の中で思い描いている理想を、文字にしていくのです。**

初めから最後まで頭の中だけで完結するのではなく、まずは頭の中のものが目に見える状態にしていきます。今回は「海外旅行に行きたい」という例でお話ししていきます。そのなんとなく脳内で描いていたものを、「海外旅行に行く」という文字に起こし、ノートに書き出しましょう。「行きたい」ではなく「行く」と断定系で書くのもポイントです。

その次に、それを1次元から2次元にする作業を行います。**文字を画像にしていくのです。それには、ビジョンボードが最適！** ビジョンボードとは、叶えたい未来の画像を複数切り貼りしてひとつにまとめたものです。雑誌の切り抜きをボードに貼ってもいいし、ネットで検索して拾った画像をコラージュしてもいいでしょう。

ここで、「海外旅行に行く」という夢を叶えたときに、目にするであろう光景の画像を探します。ということは、どこの国に行きたいか、何を食べたいか、どんな服装をしているのか、どんなホテルに泊まるかなど、ここで決めなければ画像を検索できません。この過程で、夢がどんどん具体的になっていきます。具体的であればあるほど、臨場感が増しますよね！

行きたい国はフランス、観光したい場所はベルサイユ宮殿、飲みたいものは赤ワイン、買い物したい場所はシャンゼリゼ通り……、そう決めたら、それぞれの写真を集めてひとつにまとめましょう。

そして次は2次元から3次元です。3次元にすることで、一気に妄想力がアップします！ **日常でフランスに触れられることを探してみましょう。**デパートのフランス物産展に行く、パン屋ではクロワッサンを選ぶ、スーパーでフランス産の赤ワインを買う、フランス人の知り合いがいたら紹介してもらう、フランスの曲をBGMとして部屋に流す……、など、いつもの生活の中でフランスを体感してください。

こうやって3次元までの素材を集めたら、またあなたの頭の中にこれらを戻してみてください。初めよりはかなり臨場感のある妄想ができるようになったはずです。視覚、聴覚、触覚、味覚、嗅覚、感情、全てをありありと妄想内で感じましょう！

私たちの想像力が働きやすいシチュエーションは、リラックスしている状態のときです。リラックスしているときは、脳は柔軟で自由な思考を巡らせています。

「創造性の４B」という言葉を聞いたことがありますか？　これはアイディアが生まれやすい場所を4つのBとして表現したもので、**Bus（移動中）、Bed（寝る前）、Bathroom（入浴中）、Bar（飲酒中）がそれに当たります。いずれの場所も脳がリラックス状態で想像力が活性化されやすいところです。**

ですから、私もベッドに入って睡眠に入るまでの間は、私自身が理想の未来の世界にワープしたかのようにイメージして、妄想を楽しんでいます。また私にとって一番妄想力が最高になるのは、お家でお酒を一人で飲んでいるときです。私の場合、お酒を飲むと感情がより解放されるので、理想が叶ったときの感情を感じやすくなります。理想が叶ったときの感情を感じ、一人なので周りを気にせずニヤニヤしたり、「ホンマに最高！」と口に出したりもしています。そして、理論的思考を担当している脳の前頭葉の活動がいい意味で鈍るので、想像力がより自由で豊かになり、まさに妄想なのか現実なのか分からないほど、臨場感の溢れる未来のイメージができるのです。

「高級ブランドショップでポンっと欲しいものを買える」という理想を描いていたフリーターの頃は、高級ブランドのカバンや靴の画像を切り貼りしてビジョンボードを作って、毎日眺めていました。そして、財布の中は3000円、口座の中は5桁という経済力でも、3次元の体験として〝セレブごっこ〟も楽しんでいました。つまり実際にブランドショップを巡るのです。もちろん何も買いません、いや、買えません。ブランドショップはこの時点での自分にとって不快領域なので、初めての3次元の体験はとても居心地が悪かったです。でもその体験のおかげで、臨場感のある妄想ができるようになり、気付けばその妄想が現実となり、今はほぼ毎月高級ブランドショップでお買い物をする日常になりました。

1次元～3次元の素材集めもほぼお金はかかりませんし、妄想は無料です。RASの働きも伴うので、妄想が習慣になると、理想を叶えるための情報やチャンスの引き寄せの量が爆増します。臨場感たっぷりの妄想は、あなたの理想を現実化させる強力な味方なのです！

思考も行動も軽く

私の講座のワークショップで、「毎月美容室に行く」「海外旅行に行く」「〇〇講座を開く」など、生徒様が理想の未来として項目を書き出したら、私はあくまで軽～い感じでみなさん自身にこう突っ込むように伝えています。

＼やればいいじゃん！／

「いや、できないから理想の未来として描いているんですけど……」と、さらにもうひとつツッコミを入れたくなるかもしれません。しかし、本当に今できないのでしょうか？　「時間ができたら」「お金が貯まったら」「資格が取れたら」「フォロワーが増えたら」そんな条件を勝手につけていませんか？　もしくは、最初から完璧な形を求めていませんか？

「毎月美容室に行く」という憧れを持っている人は、毎月髪の長さを整えたり、髪色を調整したり、ストレートをかけたり、というのが完璧な形の理想かもしれません。でも、それにはお金が毎月かかってしまいます。なので、「収入が増えたら」という条件をつけて、今はやっていないだけではありませんか？

まずはメニューの中で、比較的安いトリートメントだけを毎月、という形でもいいのです。「毎月美容室に行く」という「形」から入ってください。それは、あなたが理想としている完全なる形でないかもしれませんが、理想というのは少しずつ形を整えていくものです。「プチ贅沢」のところでもお話ししたように、この行動はセルフイメージとモチベーションを上げてくれるので、いずれは最終的な理想の形になっていきます。

「海外旅行に行く」という理想を描いているけれど、パスポートを持っていない方は、パスポートをまず作ってみてください。旅行に行く予定がまだなくても！　パスポートを手にしただけで、海外旅行に関する情報やチャンスがＲＡＳの働きでたくさん入ってくるようになります。

ちなみに私も実際に、「講座を開く」という理想を描いていたとき、「完璧な形を求めていた」ことと、「ワークライフスタイリスト養成講座を卒業しないとできない」というこの2つの考えに行動の邪魔をされていました。

会議室を貸し切って、プロジェクターに映し出されたスライドを生徒様が見ながら講座を開くというスタイルを理想としていました。そして当時私は養成講座受講中でしたので、講師としての肩書きがない状態でした。しかし、肩書きがなくても講座は開けますし、カフェでもパソコンを使ってスライドを見せながらの講座も可能なのです。

それに気が付き、私の初めての「理想のワークライフスタイルの叶え方」講座は、3名の生徒様にiPadを使ってスライドを見せながら、カフェで開催しました。

この経験を始めに、少しずつ理想に近づくように、生徒様の数が5人、10人と増えていき、場所もカフェからレンタルスペースに。そして、翌年には会議室を貸し切って50人の生徒様に対して講座を開くことができました。

「○○になったら始める」「○○したら始める」など、**全ての条件が揃うタイミングなんて、待ってもきません。むしろ、タイミングが揃って行動するのではなく、行動するから必要なことがどんどん揃っていくのです。**

チャンスも同様です。チャンスは待っている人のところに来るのではなく、動き始めている人のところにやってきます。エネルギーの循環図、思い出してくださいね！

夢というものは、雲の上の存在かもしれません。だからこそ、叶えたときに達成感や満足感を得ることができます。しかし、ずっと手の届かない高尚な存在にしていては、思考も行動も重くなって、永遠と遠くでキラキラしているだけになります。

夢は、手を伸ばせば届くものです。どうしても、夢は「今の私と住む世界が違う」と思ってしまう場合は、次のことを思い出してください。**あなたの人生に関係のないものは、あなたの人生にそもそも入ってきません。もし、憧れの事柄が、あなたの日常生活の中に登場するということは、あなたの人生に関係があるからなんです。**

もちろん、あなたから行動を起こして、あえて自分の生活にたくさん登場させるのもありです。私も月収11万円時代に、ハイブランドを自分の日常生活に普通にあるものとさせるため、いろんなブランドのメルマガや公式ＬＩＮＥを登録していました。こうやって、何もしなくても私の生活の中に、向こうからハイブランドの情報がやってくるようにしたのです。ハイブランドのカバンや靴は、当時の私にとっては違う世界のものでした。でも、メルマガや公式ＬＩＮＥを登録することで、同じ世界にしたのです。こうやって、あなたの世界に入れたいものは、積極的に取り入れてください。

初めから完璧を目指さないことを意識しながら、あなたが書き出している理想を見返してみて、「やればいいじゃん！」と自分自身に突っ込んでみてください。最終的に作りたい理想の形を、粘土のようなイメージでまずは大まかな形から作ってください。夢を重く捉えずに、思考も行動も軽く、少しずつ理想の形に整えていってください！

おわりに

ここまで読んでいただいて、欲しい未来を手に入れるには、今どこに住んでいようが、どんな現状だろうが関係ないことがお分かりいただけたと思います。

「都会じゃないからできない」「もう若くないから諦めモード」なんて思考は、この本を閉じた瞬間にサヨナラしましょう。


この本を読み通して、「やるべきことがたくさんあって、全部こなしきれない」と思う必要はありません。できるところから、少しずつでいいので行動に移していけば大丈夫です。


その中でも、私と約束して欲しいことがふたつあります。

ひとつ目は「自分の可能性を信じる」こと。あなたには夢を叶える力があります。そのことを忘れないでください。

ふたつ目は「心のコンパスに従う」こと。あなたの心のコンパスが「あっちだよ！」

と向いている方角に進んでください。世間一般的に〝認められる方向〟、周りから〝褒められる方向〟、失敗のなさそうな〝今の私にできる方向〟など、心のコンパスを無視して進んでいませんか？　それよりも、あなたの感情を一番大切にしてください。
あなたの頭脳が「その方向は困難だ」と反応しても、「自分の可能性を信じる」ことができていたら、あなたが本当に望んでいる未来に向かうことができます。

この本の中で、今まで自分の中になかった考え方や価値観がたくさん出てきたかもしれません。このような新しいマインドは、定期的に6回接さないと脳が受け入れてくれないとの研究報告があるそうです。「この考え方いい！」と思っても、脳は変化を嫌がるので、新しい考え方を拒否して、現状の考え方を保とうとします。身につけたいマインドを定着させるために、何度もその考え方に触れていきましょう。

私自身もこれらのマインドを見つけるためにチャレンジした回数は6回どころではありません。上手くいっている人の考え方を毎日音声で聞いたり、毎日文字で見て声に出したり、頭の中を日々書き換えてきました。今の考え方だから、今の結果なのです。新しい考え方になれば、必ず新しい結果が出ます。

最後に、大事なことをお伝えします。

「この本を読んだから人生が変わる」と思わないでください。

私は20代、数多くの本を読んできて、「この本を読み終わったら人生が変わる！」と思い続けてきたのですが、一向に変化しませんでした。同じように「このセミナーに行けば人生が変わる！」と受講し続けても、ずっとそのままの自分でした。

私は「この本が私の人生を変えてくれる」「このセミナーが私を変えてくれる」と、いつも受け身系で、主語が自分ではなく「本」や「セミナー」だったのです。

本やセミナーは、私たちの人生を変える〝キッカケ〟にはなりますが、私たちが行動しなければ人生は変わりません。この本を読んだあとも、行動しなければ、3年後も5年後もあなたの人生はずっと同じままです。


あなたの人生を変えるのは、この本ではなくあなた自身。

自分の人生を変えることができるのは、自分だけなのです。

私も約10年前に出会った1冊の本が〝キッカケ〟で、人生が大きく変わりました。

私にとってその運命の1冊となった『可愛いままで年収1000万円』の著者・宮本佳実さんに、本書のオビに推薦文を書いていただきました。人生を変える〝キッカケ〟を与えてくれただけでなく、本を出版するという私の夢に直接関わっていただき、心から感謝いたします。

また、人生やりたいことし放題の私を見守ってくれている両親、気兼ねなく楽しく一緒に働けるアシスタントの妹、私の心をいつも豊かにしてくれるBBBのお客様たち、自分の未来の可能性を信じて私の講座を選んでくださる生徒様たち、出版という夢を何年も応援し続けてくれた友人たち、初めての出版で右も左も分からない中、丁寧に優しくサポートしてくださった出版関係者の皆様……。あげるとキリがないほど周囲の人たちに支えていただき、こうして皆様に〝「理想の自分」を決めて、やるだけ〟なのだというメッセージを届けられることに、厚く御礼申し上げます。

今回はこの本が、あなたの人生が大きく変わる〝キッカケ〟になり、理想通りの働き方、ライフスタイル、美しさ、欲しいものを全て欲張りに手に入れる未来がやってくることを願っています。

人生は、あなたの思った通りになります。あなたは、なろうと決めたものになります。さあ、今ここ（この場所・この瞬間）から、理想通りの人生を実現させていきましょう！

2024年12月

福﨑　綾香

福﨑綾香（ふくざき　あやか）

1984年、広島県生まれ。現在、広島在住。『可愛いままで年収1000万円』著者・宮本佳実さん認定のワークライフスタイリスト®。

国際結婚からの離婚後、兵庫、地元広島を経て、東京で2年間、30歳までアルバイト生活。その後また広島に戻り、32歳まで手取り月給11万円のフルタイム会社員を経験。宮本佳実さんと出会い、「地方にいても自分らしいままで成功できる」「理想のワークライフスタイルを叶える」マインドを習得し、会社を辞め「好き」を仕事に起業し、2ヶ月後には月商7桁達成。自由時間も増え、1ヶ月間仕事を休み海外旅行も。 現在は飲食店を経営する一方で、ワークライフスタイリスト® として、理想の未来に近づくためのセミナーを開催中。

「理想《りそう》の自分《じぶん》」を決《き》めて、やるだけ
今すぐここで、好《す》きを仕事《しごと》に、楽《たの》しく稼《かせ》ぐ！

2024年12月13日　初版第1刷発行

著　者　福﨑綾香
発行者　岩野裕一
発行所　株式会社実業之日本社
〒107-0062　東京都港区南青山6-6-22 emergence 2
TEL：03-6809-0473（編集）TEL：03-6809-0495（販売）
https://www.j-n.co.jp/

印刷・製本　TOPPANクロレ株式会社
ブックデザイン　大場君人
本文DTP　株式会社キャップス
編集協力　長谷川 華
校正　山本和之
出版プロデュース　川田 修

　ISBN978-4-408-65120-0（第二書籍）